RACONTE-MOI

LES CANADIENS

La collection Raconte-moi *est une idée originale
de Louise Gaudreault et de Réjean Tremblay.*

Éditrice-conseil : Louise Gaudreault
Coach d'écriture : Réjean Tremblay
Coordination éditoriale : Pascale Mongeon
Direction artistique : Julien Rodrigue
  et Roxane Vaillant
Illustrations : Josée Tellier
Design graphique : Christine Hébert
Infographie : Chantal Landry
Révision : Lise Duquette

DISTRIBUTEUR EXCLUSIF :

Pour le Canada et les États-Unis :
MESSAGERIES ADP inc.*
2315, rue de la Province
Longueuil, Québec J4G 1G4
Téléphone : 450-640-1237
Télécopieur : 450-674-6237
Internet : www.messageries-adp.com
* filiale du Groupe Sogides inc.,
  filiale de Québecor Média inc.

Catalogage avant publication de Bibliothèque
et Archives nationales du Québec et
Bibliothèque et Archives Canada

Martel, Jean-Patrice

  Les Canadiens

  (Raconte-moi)
  Pour les jeunes de 8 à 11 ans.

  ISBN 978-2-89754-001-2

  1. Canadiens de Montréal (Équipe de hockey) - Ouvrages pour la jeunesse. I. Titre. II.
Collection : Raconte-moi.

GV848.M6M37 2015   j796.962'640971428
C2015-941757-0

08-16

Imprimé au Canada

Dépôt légal : 2015
Bibliothèque et Archives nationales
du Québec

ISBN 978-2-89754-001-2

Gouvernement du Québec – Programme de crédit
d'impôt pour l'édition de livres – Gestion SODEC –
www.sodec.gouv.qc.ca

L'Éditeur bénéficie du soutien de la Société de
développement des entreprises culturelles du

**Conseil des Arts   Canada Council
du Canada   for the Arts**

Nous remercions le Conseil des Arts du Canada de
l'aide accordée à notre programme de publication.

Financé par le gouvernement du Canada   Canadä
Funded by the Government of Canada

Nous reconnaissons l'aide financière du
gouvernement du Canada par l'entremise du Fonds
du livre du Canada pour nos activités d'édition.

Jean-Patrice Martel

RACONTE-MOI

LES CANADIENS

petit homme
Une société de Québecor Média

PRÉAMBULE

Depuis plus de cent ans, les Canadiens de Montréal font vibrer leurs partisans au rythme de leurs exploits sur la glace. Ce club mythique a traversé les époques et s'est imposé comme la plus grande équipe de hockey de l'histoire, loin devant toutes les autres. Les légendes y sont légion : Vézina, Lalonde, Morenz, Émile Bouchard, Maurice et Henri Richard, Béliveau, Lafleur, Roy et de nombreuses autres.

Créés avant même la Ligue nationale de hockey, les Canadiens ont remporté leur première coupe Stanley il y a presque un siècle, sur une glace naturelle dans un aréna non chauffé, contre un adversaire dont presque personne ne se souvient aujourd'hui.

L'équipe, au départ, était celle des « Canadiens français ». De nos jours, ses joueurs sont originaires des quatre coins du monde. Mais pour les partisans, ce qui compte surtout, c'est que le club livre des performances excitantes et se rende, chaque printemps, le plus loin possible dans les séries éliminatoires.

Après quelques saisons qui ont laissé les amateurs sur leur faim, les Canadiens de Montréal ont retrouvé leur panache et comptent à nouveau parmi les plus sérieux prétendants à ce trophée reconnaissable entre tous, la coupe Stanley.

Charles et Jade sont deux jeunes partisans du Tricolore. Au fil de leurs discussions avec leur père, grand amateur de hockey et friand d'histoire, ils découvriront le fascinant parcours de leur club favori, d'hier à aujourd'hui.

***

« *Charles, il faut que tu manges un peu !* »

« *Je n'ai pas faim.* »

Charles-Henri, que tout le monde appelle Charles, est trop anxieux pour avoir faim. Ce soir, c'est le sixième match de la série opposant les Canadiens de Montréal aux Sénateurs d'Ottawa. Ce soir, les Canadiens doivent battre leurs rivaux chez eux. Pas facile, mais ils y sont déjà parvenus dans le troisième match de la série. La victoire a été difficilement obtenue en prolongation, grâce au but de Dale Weise, le même qui avait égalé la marque avec moins de six minutes de jeu en troisième période.

Jade avait prédit que P.K. Subban marquerait le but gagnant. Charles avait plutôt annoncé que « Max Pac » déterminerait l'issue du match. Le vrai nom de ce joueur, c'est Max Pacioretty, mais à l'école, tout le monde l'appelle Max Pac. Il joue à l'aile gauche, comme Charles, alors que Subban joue à la défense, comme Jade.

Max Pac, c'est une des vedettes de l'équipe, le meilleur attaquant. Il a été extraordinaire toute la saison et a compté 37 buts.

P.K. Subban, le troisième marqueur de l'équipe, est un des joueurs les plus spectaculaires de la ligue. En 2013, il a remporté le trophée Norris comme meilleur défenseur de la LNH. Un défenseur troisième marqueur de son équipe, c'est rare !

Il y a aussi Carey. Son nom complet est Carey Price, mais on n'utilise que son prénom, parce que personne ne connaît un autre Carey que lui. Et que Jade ne vienne pas dire « Mariah Carey », parce que Charles va lui répondre que « les noms de famille, ça ne compte pas ! ».

Cette année, Carey a été le meneur chez les gardiens de la LNH pour le nombre de victoires, le nombre de jeux blancs, la moyenne de buts alloués et le pourcentage d'arrêts. Qu'on ne se raconte pas d'histoires, c'est grâce à Carey si les Canadiens ont fini deuxièmes dans la ligue cette saison.

Les Canadiens ont bien entrepris la série contre les Sénateurs, remportant les trois premiers matchs. Ils ont ensuite perdu le quatrième match, à Ottawa. Charles et Jade se sont alors dit que ce n'était pas très grave, que leur équipe gagnerait le cinquième, à Montréal.

Mais ce cinquième match a été une catastrophe, une défaite de 5-1. Et du coup les Canadiens ne mènent plus la série que par 3-2. Une autre défaite et tout se jouera dans un septième match... trop stressant. Ce soir, il faut que Max Pac, Carey et P.K. jouent leur meilleur hockey.

Et c'est ce qu'ils font ! Il suffit d'un but de Brendan Gallagher en première période, et d'un but refusé aux Sénateurs (les Canadiens l'ont échappé belle sur ce jeu-là). On a aussi eu besoin de quelques miracles de Carey dans les dernières minutes de jeu.

Les Canadiens l'emportent ! Le pointage final est 2-0, grâce au but de Max Pac dans un filet désert moins d'une seconde avant la fin du match. Les Canadiens sont les meilleurs ! Ce soir-là, Charles et Jade dansent de joie dans le salon. Au moment de se mettre au lit, il leur faudra plusieurs minutes avant de s'endormir, tant l'excitation de la victoire est encore vive.

La suite des éliminatoires sera plus difficile. Contre le Lightning de Tampa Bay, les Canadiens perdront les trois premiers matchs. Ils donneront ensuite au Lightning la même frousse que les Sénateurs leur avaient servie en première ronde, mais devront s'incliner, comme les Sénateurs, au sixième match.

À la rentrée des classes, l'automne suivant, Charles est encore un peu dépité, mais il suit avec intérêt le camp d'entraînement des Canadiens. Puis un après-midi, en arrivant de l'école, il ouvre une lettre qui lui vient du fan-club des Canadiens. Elle lui annonce toute une nouvelle !

« Charles-Henri, ton nom a été tiré au sort. Tu seras porte-drapeau lors de la cérémonie avant le match d'ouverture de la saison. »

Quelle belle surprise !

Mais pour être digne de cette responsabilité, pense Charles, il faut bien connaître son équipe. « Papa ! Il faut que je sache tout ! Raconte-moi l'histoire des Canadiens... au complet ! »

André, le père de Charles, ne se fait pas prier. « Je pensais que tu ne me le demanderais jamais. »

Après le souper, André s'installe. Il a sorti sa collection de cartes de hockey et de calendriers de l'équipe. Il a aussi réuni quelques-uns des nombreux livres qui ont raconté l'histoire des Canadiens. Le plus ancien, écrit par le journaliste Charles Mayer, date de 1949 ! André a aussi hâte que Jade et Charles !

Jade lance la discussion en demandant tout de go : « Comment ils ont commencé, les Canadiens ? »

« Quelle bonne idée, commencer par le commencement. Je n'y aurais jamais pensé ! » plaisante André.

UNE ÉQUIPE CRÉÉE
PRESQUE PAR HASARD

Créés le 4 décembre 1909, les Canadiens de Montréal existent depuis plus de cent ans! Ils sont aujourd'hui l'une des 30 équipes de la Ligue nationale de hockey (LNH). Ces équipes se disputent chaque année la coupe Stanley.

On a l'impression que les Canadiens ont toujours fait partie de la LNH, mais ce n'est pas le cas. Avant que la LNH soit fondée, plusieurs ligues sont apparues et ont disparu au fil des ans, souvent à cause de querelles entre les propriétaires d'équipes.

En 1909, la principale ligue est l'Association de hockey de l'est du Canada (AHEC). Elle a été créée quatre ans plus tôt, mais la mésentente y règne déjà.

Une de ses équipes, les Wanderers de Montréal, joue ses matchs à l'Aréna de Montréal, situé à Westmount. Mais le propriétaire de l'aréna Jubilé, situé dans le quartier Hochelaga à Montréal, vient d'acheter l'équipe et veut l'installer dans son aréna, même s'il est plus petit. Pourquoi? Pour éviter de payer un loyer à l'Aréna de Montréal.

Les propriétaires des autres équipes ne sont pas contents, car l'équipe visiteuse reçoit un pourcentage des revenus à chaque match. Si les Wanderers déménagent dans un aréna plus petit, leur part à eux sera diminuée. Ils décident donc de se débarrasser des Wanderers en créant une nouvelle ligue, l'Association canadienne de hockey (ACH).

Ils remplacent les Wanderers par une nouvelle équipe, le All-Montreal. Ils redonnent également vie au National de Montréal, qui avait joué dans une autre ligue quelques années plus tôt. Par contre, ils refusent la candidature de Renfrew, une petite ville à environ une heure de route au nord d'Ottawa, qui voudrait aussi avoir son équipe.

Celui qui avait proposé la candidature de Renfrew, le riche homme d'affaires Ambrose O'Brien, veut absolument posséder une équipe qui gagnera la coupe Stanley. Il discute alors avec le propriétaire des Wanderers, et ensemble ils décident de créer leur propre ligue, l'Association nationale de hockey (ANH).

Ils ajoutent deux équipes du nord de l'Ontario, Cobalt et Haileybury, et monsieur O'Brien décide d'avoir une deuxième équipe à Montréal, pour les francophones, qui s'appellera Le Canadien. À l'époque, le terme « Canadiens » désignait les francophones du Canada. Son logo est simplement la lettre « C ».

Toutes ces décisions sont prises en deux jours : le 2 décembre 1909. Le Canadien est créé le surlendemain à l'hôtel Windsor, tout près d'où se trouve le Centre Bell aujourd'hui.

Les deux ligues comptent chacune cinq équipes.

Dans l'ACH : le Hockey Club d'Ottawa, le Hockey Club de Québec, le All-Montreal, les Shamrocks de Montréal et le National de Montréal.

Dans l'ANH : le Canadien de Montréal, les Wanderers de Montréal, les Creamery Kings de Renfrew, les Comets de Haileybury et les Silver Kings de Cobalt.

Ça fait dix équipes en tout, dont cinq à Montréal. C'est beaucoup !

Le Canadien est l'équipe des francophones, mais il n'y a pas encore beaucoup de très bons joueurs de hockey francophones au Québec. Il y a bien Didier Pitre, mais celui-ci a déjà signé un contrat avec le National. Peu importe ! Le Canadien lui fait signer un autre contrat et promet de payer pour lui si le National le poursuit devant les tribunaux pour avoir brisé son engagement.

À part Pitre, tous les autres joueurs réguliers de l'équipe sont des Ontariens portant des noms français. Certains parlent français, mais... pas tous.

Il y a Édouard « Newsy » Lalonde, Jack Laviolette, Skinner Poulin, Art Bernier et Ed Décarie.

Le Canadien dispute le premier match de son histoire le 5 janvier 1910 contre Cobalt, et l'emporte 7-6 en prolongation, grâce au deuxième but du match de Poulin. Malheureusement, le match ne comptera pas... Après seulement deux semaines d'activité, l'ACH, moins riche que sa rivale, abandonne ses activités.

L'ANH accepte qu'Ottawa et les Shamrocks de Montréal se joignent à ses rangs. La ligue comporte maintenant sept équipes et les matchs déjà disputés ne comptent plus : on reprend tout à zéro.

Cette fois, ça se passe moins bien pour le Canadien, qui perd ses quatre premiers matchs. En cours de route, le propriétaire O'Brien décide d'envoyer le meilleur joueur de l'équipe, Newsy Lalonde, à Renfrew, dans son autre équipe, pour améliorer les chances de celle-ci de remporter la coupe Stanley. Sans succès.

Le Canadien n'était déjà pas très fort, mais sans son meilleur joueur, c'est encore pire. Il perd même un match 15-3 contre Haileybury, la pire défaite de son histoire. Le gardien Jos Cattarinich se rend compte qu'il n'est pas très bon : il a accordé 34 buts en 4 matchs ! Alors il démissionne et devient plutôt adjoint au directeur général. Son remplaçant ne fera pas mieux...

À la fin de la saison, le Canadien est dernier de la ligue avec seulement deux victoires en 12 matchs.

Et puis ça se complique. Un dénommé George Kennedy fait un procès au propriétaire du Canadien, M. O'Brien. Il possède un club sportif qui s'appelle Club Athlétique Canadien et prétend que O'Brien n'avait pas le droit d'appeler son club « Le Canadien ». Heureusement, tout se règle : O'Brien remet gratuitement la propriété du Canadien à Kennedy. Ainsi, O'Brien a une équipe de moins à sa charge.

 À sa deuxième saison, l'équipe s'appelle Club Athlétique Canadien et a un nouveau logo. Mais son meilleur coup, c'est l'embauche du gardien Georges Vézina, surnommé le « concombre de Chicoutimi ». On pourrait penser que c'est un surnom insultant, mais en fait, pas du tout. Ça vient d'une expression anglaise, « *cool as a cucumber* », qui veut dire qu'il fait preuve de sang-froid en toutes circonstances.

Vézina devient le gardien titulaire de l'équipe, poste qu'il occupera durant quinze saisons. De nos jours, le meilleur gardien de la LNH remporte le trophée Vézina, nommé en l'honneur de ce joueur.

Avec lui, à sa deuxième saison, le Canadien est bien meilleur et finit deuxième de la ligue. Mais à l'époque, il n'y a pas de séries éliminatoires : le champion est celui qui remporte la saison régulière.

Gardien, 5'6", 185 lb, tire de la gauche. ▪ Né le 21 janvier 1887 à Chicoutimi (Québec). ▪ Décédé le 27 mars 1926 à Chicoutimi, à l'âge de 39 ans. ▪ Club ANH et LNH : Montréal. ▪ Numéro avec le Canadien : 1 (1910-1911 à 1925-1926).

STATISTIQUES AVEC LE CANADIEN (saisons en gras : victoires de la coupe Stanley ; astérisque : meneur de la ligue)

Saison	Saison régulière					Éliminatoires				
	PJ	V	D	N	Moy.	PJ	V	D	N	Moy.
1910-11	16	8	8	0	3,75	-	-	-	-	-
1911-12	18	8	10	0	3,57	-	-	-	-	-
1912-13	20	9	11	0	3,99	-	-	-	-	-
1913-14	20	13	7	0	3,15	2	1	1	0	3,00
1914-15	20	6	14	0	3,86	-	-	-	-	-
1915-16	24	16*	7	1	3,08	5	3*	2	0	2,60
1916-17	20	10	10	0	3,94	6	2	4	0	4,83
1917-18	21	12*	9	0	3,93*	2	1	1	0	5,00
1918-19	18	10	8	0	4,19	10	6	3	1	3,49
1919-20	24	13	11	0	4,66	-	-	-	-	-
1920-21	24	13	11	0	4,14	-	-	-	-	-
1921-22	24	12	11	1	3,84	-	-	-	-	-
1922-23	24	13	9	2	2,46	2	1	1	0	2,00
1923-24	24	13	11	0	1,97*	6	6*	0	0	1,00*
1924-25	30	17	11	2	1,81*	6	3	3	0	3,00
1925-26	1	0	0	0	0,00	-	-	-	-	-
Total ANH	**138**	**70**	**67**	**1**	**3,63**	**13**	**6**	**7**	**0**	**3,69**
Canadien	138	70	67	1	3,63	13	6	7	0	3,69
Total LNH	**190**	**103**	**81**	**5**	**3,28**	**26**	**17**	**8**	**1**	**2,78**
Canadien	190	103	81	5	3,28	26	17	8	1	2,78
Total Can.	**328**	**173**	**148**	**6**	**3,43**	**39**	**23**	**15**	**1**	**3,08**

Il a réussi le premier jeu blanc de l'histoire de la LNH, le 18 février 1918 contre Toronto. Il fut l'un des 12 premiers joueurs intronisés au Temple de la renommée du hockey, en 1945.

L'année d'après, c'est très serré. Le Canadien est dernier, mais avec seulement deux victoires de moins que Québec, qui remporte la première de deux coupes Stanley consécutives. Plus tard, cette équipe sera baptisée les Bulldogs, mais au moment où elle gagne ses deux coupes, on dit juste « Québec ».

Durant la saison 1913-1914, le Canadien arbore un nouveau logo : deux lettres « C » superposées, avec un « A » à l'intérieur, soit presque la même chose qu'aujourd'hui, sauf que le « A » a depuis été remplacé par un « H ». Ces lettres signifient « Club Athlétique Canadien ».

Le chandail porte alors à peu près les mêmes couleurs qu'aujourd'hui. C'est à partir de ce moment qu'on a pu surnommer l'équipe « le Tricolore » ou « le Bleu-Blanc-Rouge ».

L'équipe finit en tête, à égalité avec l'équipe de Toronto, qui s'était jointe à la ligue l'année précédente. Pour décider du champion, le Canadien dispute la première série éliminatoire de son histoire : deux matchs au total des buts. Malheureusement, Toronto l'emporte.

C'est finalement en 1916 que ça débloque pour le club. Grâce à Vézina, Pitre et Lalonde, le Canadien finit premier, et bat les Rosebuds de Portland pour mettre la main sur la première coupe Stanley de son histoire. Ce ne sera pas la dernière, loin de là !

« Ouais ! On a gagné ! » Charles et Jade célèbrent la première coupe Stanley du Canadien avec seulement... quatre-vingt-dix-neuf ans de retard. Puis, l'air songeur, Jade demande à papa : « Au fait, d'où elle vient, la coupe Stanley ? »

« Excellente question », répond André, heureux de voir l'intérêt que suscite son cours d'histoire. La soirée est encore jeune, et il y a tant à raconter...

2

LES DÉBUTS DE LA LNH

Aujourd'hui, et depuis près de quatre-vingt-dix ans, la coupe Stanley est attribuée au champion de la LNH. Mais la coupe elle-même existait bien avant ça, depuis 1893. Elle a plus de 120 ans! Le gouverneur général du Canada de l'époque, Lord Frederick Stanley de Preston, l'a offerte afin de récompenser la meilleure équipe de hockey au pays.

Au début, c'était une coupe attribuée par défi. C'est-à-dire que, si une équipe détenait la coupe Stanley, l'équipe championne d'une autre ligue pouvait lui lancer un défi. Si elle le gagnait, elle recevait la coupe.

À cette époque, l'aviation était à ses débuts et les équipes voyageaient en train, alors il y avait des ligues régionales un peu partout. La coupe pouvait être remportée par plusieurs équipes différentes pendant la même saison. Il est déjà arrivé qu'une équipe, les Wanderers de Montréal, gagne, perde, puis regagne la coupe Stanley au cours de la même saison !

Ce système a pris fin en 1913. À partir de 1914, la coupe Stanley était remise à la fin de la saison lors d'une série entre les champions de l'est du Canada et ceux de l'ouest. Une année, la finale avait lieu dans l'est, l'année suivante, dans l'ouest.

Comme les ligues n'avaient pas le même règlement (par exemple, dans l'ouest on jouait avec sept joueurs au lieu de six), on alternait : un match avec le règlement de l'est, un avec celui de l'ouest, et ainsi de suite.

Lorsqu'en 1916 le Canadien remporte sa première coupe Stanley, c'est loin d'être la première fois que la coupe se retrouve à Montréal. Auparavant, quatre équipes montréalaises avaient déjà remporté la coupe une douzaine de fois.

***

En 1917, l'équipe change de nom. C'est maintenant le Club de Hockey Canadien, et le logo qu'on connaît aujourd'hui fait son apparition. On parle souvent du « CH », mais le logo montre bien deux lettres « C » superposées, une bleue et une rouge : on devrait donc dire « CHC ».

Le Canadien est encore finaliste de la coupe Stanley. L'équipe se rend à Seattle en train pour affronter les Metropolitans. Le Canadien remporte le premier match 8-4, mais perd les trois suivants de façon décisive. C'est la première fois qu'une équipe des États-Unis remporte la coupe Stanley.

Et puis… survient une autre dispute dans l'ANH. Le propriétaire des Blueshirts de Toronto, Eddie Livingstone, est toujours en désaccord avec tout le monde, et chaque fois que la ligue prend une décision avec laquelle il n'est pas d'accord, il intente un procès. Les autres propriétaires en ont assez et décident de reprendre le même vieux truc : on crée une nouvelle ligue et on laisse le propriétaire mécontent tout seul avec son équipe.

C'est donc à ce moment, en novembre 1917, qu'est créée la LNH. On a simplement remplacé le mot « Association » par le terme « Ligue ».

La première saison de la nouvelle LNH commence avec quatre équipes : le Canadien et les Wanderers de Montréal, Ottawa et une nouvelle équipe de Toronto. Les deux équipes montréalaises jouent à l'Aréna de Montréal, mais à peine deux semaines après le début de la saison, catastrophe ! L'aréna est détruit par un incendie.

Le Canadien retourne à l'Aréna Jubilé, où il avait disputé sa première saison, mais les Wanderers, qui avaient déjà des problèmes financiers, abandonnent. La première saison de la LNH se termine à trois équipes. Toronto en profite pour remporter la première coupe Stanley de l'histoire de la ville.

La saison suivante, le Canadien a une bonne équipe. Newsy Lalonde est le meilleur joueur de la ligue, et ses acolytes Pitre et Vézina sont toujours au poste. Se sont ajoutés Odie Cleghorn et Billy Coutu, joueurs redoutables, ainsi que Louis Berlinguette, Bert Corbeau, Jack McDonald et celui qu'on appelle « Méchant » Joe Hall, meneur de la ligue en ce qui concerne les pénalités.

Pour la troisième année de suite, la saison est divisée en deux. Le champion de la première moitié dispute la finale de la ligue contre le champion de la deuxième moitié, et le gagnant se rend à la finale de la coupe Stanley.

Montréal remporte la première moitié de la saison, Ottawa la seconde. Le Canadien dispute alors la première série 4 de 7 de son histoire contre Ottawa et l'emporte facilement 4-1. Il part pour Seattle, encore en train, afin d'affronter les Metropolitans pour la deuxième fois en trois ans.

Dans la série 3 de 5, les équipes s'échangent les victoires : Seattle remporte facilement les matchs joués à sept joueurs, tandis que le Canadien gagne de justesse ceux joués à six. Le quatrième

ÉDOUARD « NEWSY » LALONDE

Centre, 5'9", 168 lb, tire de la droite. ▪ Né le 31 octobre 1887 à Cornwall (Ontario). ▪ Décédé le 21 novembre 1970 à Montréal (Québec), à l'âge de 83 ans. ▪ Clubs ANH : Montréal et Renfrew. Clubs LNH : Montréal et Americans de New York. ▪ Numéro avec le Canadien : 4 (1910 à 1910-1911 et 1912-1913 à 1921-1922).

STATISTIQUES AVEC LE CANADIEN (saisons en gras : victoires de la coupe Stanley ; astérisque : meneur de la ligue)

Saison	Saison régulière					Éliminatoires				
	PJ	B	A	Pts	Pén.	PJ	B	A	Pts	Pén.
1910	6	16	-	16	40	-	-	-	-	-
1910-11	16	19	6	25	63	-	-	-	-	-
1912-13	18	25	3	28	61	-	-	-	-	-
1913-14	14	22	5	27	23	2	0	0	0	2
1914-15	7	4	3	7	17	-	-	-	-	-
1915-16	24	28*	6	34	78	4	3	2	5	43
1916-17	18	27	5	32	53	5	2	0	2	47
1917-18	14	23	7	30	51	2	4	2	6	17
1918-19	17	23*	10*	33*	42	10	17*	2	19*	10
1919-20	23	37	9	46*	34	-	-	-	-	-
1920-21	24	32	11	43	2	-	-	-	-	-
1921-22	20	9	5	14	20	-	-	-	-	-
Total ANH	**108**	**163**	**28**	**191**	**351**	**11**	**5**	**2**	**7**	**92**
Canadien	103	141	28	169	335	11	5	2	7	82
Total LNH	**99**	**124**	**42**	**166**	**151**	**12**	**21**	**4**	**25**	**27**
Canadien	98	124	42	166	149	12	21	4	25	27
Total Can.	**201**	**265**	**70**	**335**	**484**	**23**	**26**	**6**	**32**	**109**

Il a marqué le premier but de l'histoire du Canadien, deux fois ! La première fois le 5 janvier 1910, dans le match qui n'a pas compté (victoire de 7-6 contre Cobalt), la seconde fois le 19 janvier 1910 (défaite de 9-4 contre Renfrew). Il a marqué au moins un but lors de 11 matchs consécutifs durant la saison 1910-1911. Il a été intronisé au Temple de la renommée du hockey en 1950 et au Temple de la renommée de la crosse en 1965.

match doit même être rejoué, les équipes étant toujours à égalité 0-0 après vingt minutes de prolongation.

Le Canadien remporte le match repris, grâce à un des plus beaux exploits de son histoire. Il surmonte un déficit de 3-0 pour finalement marquer le but vainqueur après plus de quinze minutes de prolongation.

La série est égale 2-2 (et un match nul), et le prochain match, le 1er avril, décidera du champion de la coupe Stanley. Les Metropolitans sont favoris, puisque ce match se disputera à sept joueurs.

Mais la rencontre n'aura jamais lieu. La grippe espagnole frappe cinq des neuf joueurs du Canadien, ainsi que le propriétaire, monsieur Kennedy. L'épidémie mondiale, qui a débuté un an auparavant, finira par tuer des dizaines de millions de personnes sur la planète.

Les responsables de la coupe Stanley disent aux joueurs de Seattle qu'ils seront considérés comme gagnants par forfait, mais ceux-ci font preuve d'esprit sportif et refusent. « Nous voulons remporter la coupe en jouant, pas en profitant de la maladie des joueurs adverses. » En 1919, pour la première fois depuis que la coupe Stanley a été créée, vingt-six ans plus tôt, aucune équipe ne la remporte.

Dans la nuit du 5 avril, « Méchant » Joe Hall meurt de la grippe. Il laisse une veuve et deux orphelins, mais il a toujours été très prudent avec son argent et sa famille ne sera pas dépourvue.

Hall est le seul joueur à succomber à la maladie, mais le propriétaire Kennedy rentre à Montréal très affaibli. Il ne s'en remettra pas et mourra deux ans plus tard des suites de cette grippe, après avoir été examiné par un grand nombre de médecins qui n'ont pas pu l'aider.

Charles et Jade sont émus. « Elle est un peu triste, ton histoire », dit Jade. « C'est sûr que, dans une histoire de 106 ans, il y a des moments joyeux et d'autres qui le sont moins », répond son père.

Mais une autre chose turlupine Charles : « Comme ça, le vrai sigle du Canadien, c'est CHC, pas juste CH ? Je croyais que j'avais été baptisé Charles-Henri pour avoir les mêmes initiales que le Canadien... »

André, l'air faussement inquiet, proteste : « Qu'est-ce que tu racontes là ? » Puis, se retenant de rire, il ajoute : « Bon, tu veux la suite ou non ? »

3

HOWIE MORENZ ET AURÈLE JOLIAT : UN DUO IMPARABLE

La saison suivante, le Canadien a un nouveau domicile : l'Aréna Mont-Royal, tout près du parc du Mont-Royal. Comme aux arénas précédents, la glace est naturelle. Il fait donc aussi froid dedans que dehors, et semble-t-il que, par grand froid, certains spectateurs apportent des pommes de terre cuites au four pour se garder les mains chaudes.

Inversement, s'il ne fait pas assez froid dehors, on ne peut pas patiner. C'est pour ça que les matchs se jouent tard, en général à 21 h. Car évidemment, plus il est tard, plus il fait froid. Aujourd'hui, les journaux rapportent toujours qui sera le gardien pour le prochain match. À l'époque, les journaux annonçaient toujours les prévisions sur l'état de la glace. C'était presque aussi important que les noms des joueurs.

En début de saison, l'aréna n'est pas prêt et le Canadien dispute son premier match à domicile à... Ottawa. Les Bulldogs de Québec sont de retour, et la rivalité Montréal-Québec revit.

Newsy Lalonde établit un record en marquant six buts dans un match, mais trois semaines plus tard, Joe Malone des Bulldogs le bat en en marquant sept! Ce record-là n'a jamais été battu ni même égalé.

Mais la présence de Malone ne suffit pas et les Bulldogs ont une saison difficile. Le Canadien remporte contre eux la victoire la plus décisive de toute son histoire, 16-3, dix jours avant la fin de la saison. Aucune autre équipe de la LNH n'a jamais marqué tant de buts dans un match.

Ce sera la dernière saison des Bulldogs, et la fameuse rivalité Montréal-Québec ne reprendra que soixante ans plus tard, avec l'arrivée des Nordiques.

À la suite du décès du propriétaire George Kennedy, sa veuve vend l'équipe à un groupe dirigé par

Léo Dandurand, pour l'énorme somme de 11 000 $!
Aujourd'hui, certains joueurs gagnent plus que ça
en une période...

Malgré son nom, Dandurand n'est pas né au
Québec, mais aux États-Unis. C'était toutefois un
francophone et il a déménagé au Québec à 16 ans.
Plus tard, il sera le fondateur du club de football
des Alouettes de Montréal.

La vedette du Canadien est toujours Newsy
Lalonde, et Didier Pitre est encore là. Mais l'exploit de la saison 1921-1922 est réussi par les frères
Sprague et Odie Cleghorn, qui marquent chacun
quatre buts dans le même match. Aucune autre
paire de frères n'a jamais réussi un tel exploit.

Avant le début de la saison suivante, Dandurand
effectue un échange étonnant. Il envoie Lalonde,
sa grande vedette, dans une autre ligue à
Saskatoon, en échange d'un inconnu qui vient
d'Ottawa. Ce nouveau venu s'appelle Aurèle
Joliat, un joueur de petite taille qui porte toujours
une casquette noire.

Excellent manieur de bâton et très rusé, on le considérera longtemps comme le meilleur ailier gauche de l'histoire de l'équipe. Il faudra plus de soixante ans avant qu'un autre ailier gauche, Steve Shutt, marque plus de buts que lui pour le Canadien.

Un an plus tard, une autre future étoile s'amène. On l'appelle « L'éclair de Stratford », du nom de la ville où il jouait au niveau junior. Son vrai nom, d'origine suisse-allemande, est Howie Morenz.

Joueur de centre, Morenz devient rapidement la plus grande vedette de la ligue. Ses accélérations sont foudroyantes et il surpasse tous les autres joueurs par sa vitesse. Avec Joliat, il forme un duo imparable qui amène le Canadien à créer la surprise en 1924 en éliminant Ottawa, bien que cette équipe ait dominé la saison régulière.

Il y a alors deux ligues dans l'ouest du Canada, et les deux équipes championnes s'amènent à Montréal. Le Canadien élimine d'abord Vancouver en deux matchs serrés, puis Calgary un peu plus

HOWIE MORENZ

Centre, 5'9", 165 lb, tire de la gauche. ▪ Né le 21 septembre 1902 à Mitchell (Ontario). ▪ Décédé le 8 mars 1937 à Montréal (Québec), à l'âge de 34 ans. ▪ Clubs LNH : Montréal, Chicago et New York. ▪ Numéros avec le Canadien : 7 (1923-1924 à 1924-1925, 1926-1927 à 1933-1934 et 1936-1937) et 6 (1925-1926).

STATISTIQUES AVEC LE CANADIEN (saisons en gras : victoires de la coupe Stanley ; astérisque : meneur de la ligue)

Saison	Saison régulière					Éliminatoires				
	PJ	B	A	Pts	Pén.	PJ	B	A	Pts	Pén.
1923-24	24	13	3	16	20	6	7*	3	10*	10
1924-25	30	28	11	39	31	6	7	1	8	8
1925-26	31	23	3	26	39	-	-	-	-	-
1926-27	44	25	7	32	49	4	1	0	1	4
1927-28	43	33*	18*	51*	66	2	0	0	0	12
1928-29	42	17	10	27	47	3	0	0	0	6
1929-30	44	40	10	50	72	6	3	0	3	10
1930-31	39	28	23	51*	49	10	1	4*	5	10
1931-32	48	24	25	49	46	4	1	0	1	4
1932-33	46	14	21	35	32	2	0	3	3	2
1933-34	39	8	13	21	21	2	1	1	2	0
1936-37	30	4	16	20	12	-	-	-	-	-
Total LNH	550	271	201	472	531	47	21	12	33	66
Canadien	460	257	160	417	499	45	21	12	33	66

Il a remporté à trois reprises le trophée Hart, décerné au joueur le plus utile à son équipe : en 1928, 1931 et 1932. Son numéro 7 a été retiré le 2 novembre 1937. Il fut l'un des 12 premiers joueurs intronisés au Temple de la renommée du hockey, en 1945.

facilement. C'est la deuxième coupe Stanley de l'équipe, remportée à Ottawa – parce que la glace n'était pas assez bonne à Montréal.

Cette victoire, le Canadien la doit surtout à Morenz et Joliat, qui marquent plus de la moitié des buts de l'équipe en séries, et aussi bien sûr à Georges Vézina, qui n'accorde qu'un but en moyenne par match.

Après la victoire, le propriétaire Dandurand invite les joueurs à un dîner. En chemin, les joueurs qui transportent la coupe Stanley ont une crevaison. On vide le coffre pour sortir la roue de secours et on repart... en oubliant la coupe sur le trottoir. Heureusement, elle est toujours là lorsqu'on retourne la chercher.

***

La saison suivante apporte plusieurs nouveautés. Le Canadien a un nouveau logo, représentant la Terre, pour indiquer qu'il est le « champion

du monde ». Puis, Montréal a de nouveau deux équipes, grâce à l'arrivée du Montreal Hockey Club. À cause de la couleur de son chandail et du gros « M » (pour Montréal), on surnomme rapidement cette équipe les « Maroons », et c'est sous ce nom qu'ils passent à l'histoire.

Les Maroons font construire le Forum de Montréal, qui deviendra l'aréna le plus célèbre au monde, étant même surnommé le « Temple du hockey ». Ironiquement, c'est le Canadien qui y dispute le premier match de hockey, car encore une fois la glace n'est pas en assez bon état à l'Aréna Mont-Royal.

Deux ans plus tard, le Canadien déménagera pour de bon au Forum, qu'il partagera avec les Maroons pendant douze saisons.

Il y a une autre nouveauté en 1925 : pour la première fois à Montréal, un match est diffusé à la radio. Comme le Canadien ne veut pas donner la permission à la station CKAC de diffuser des matchs locaux, celle-ci imagine un stratagème.

Elle décide de présenter les matchs que joue le Canadien à Boston, en écoutant une station de Springfield et en traduisant au fur et à mesure la description du match !

Les premiers descripteurs sont Jacques-Narcisse Cartier et Joseph-Arthur Dupont. Trois ans plus tard, ils auront enfin la permission de diffuser des matchs du Forum, et le pauvre Dupont, placé près de la bande, recevra une rondelle au visage.

Au premier match de l'automne 1926, Georges Vézina ne se sent pas très bien et doit quitter la patinoire après seulement une période. Cela met fin à une séquence de 328 matchs consécutifs. On découvre qu'il souffre de tuberculose, une maladie incurable à l'époque. Il rentre à Chicoutimi, où il mourra cinq mois plus tard, à l'âge de 39 ans.

Le Canadien lui trouve un excellent remplaçant la saison suivante : George Hainsworth. Après quelques saisons difficiles, le Canadien finit deuxième de la division canadienne en 1930. La LNH compte alors dix équipes et deux divisions.

Les Bruins de Boston dominent largement la ligue, avec 26 points d'avance sur les deuxièmes. Le Canadien se rend en finale contre eux, grâce à des victoires en triple, puis quadruple prolongation, contre les Black Hawks de Chicago et les Rangers de New York. À la surprise générale, il bat les puissants Bruins en deux matchs consécutifs et remporte sa troisième coupe Stanley ! Les partisans des Bruins ne comprennent pas ce qui s'est passé...

Un an plus tard, le Canadien élimine de nouveau Boston, puis Chicago en finale, pour remporter sa deuxième coupe Stanley consécutive. C'est un exploit que, dans la LNH, seule l'équipe d'Ottawa avait accompli, dix ans auparavant.

Il est tard. Jade et Charles vont se coucher, après avoir arraché à leur père la promesse que l'histoire continuerait le lendemain soir, après le repas. Cette nuit-là, ils rêvent à la coupe Stanley, à Vézina, Lalonde, Joliat et Morenz, et à une équipe de hockey qui est devenue la plus grande de l'histoire.

Le lendemain soir, chose promise, chose due. Papa se lance dans la suite, heureux de pouvoir maintenant parler du « Rocket ».

4

LE ROCKET

Après les deux coupes Stanley consécutives de 1930 et 1931, le Canadien vit une période difficile. Howie Morenz vieillit et n'est plus aussi dominant qu'avant. Il se fait même parfois huer à Montréal.

Le cœur brisé de voir cette légende traitée de la sorte, Léo Dandurand l'échange à Chicago. Morenz est triste, ses fans aussi.

Deux ans plus tard, réalisant que Morenz est fait pour jouer à Montréal, le Canadien le ramène grâce à un autre échange. Morenz est heureux d'être de retour dans sa ville. Il n'est plus la grande vedette qu'il était, mais les fans sont contents qu'il soit revenu.

Le 24 janvier 1937, dans un match contre Chicago, Morenz se fait plaquer et son patin reste coincé dans la bande. Le joueur des Black Hawks Earl

Seibert tombe sur sa jambe, qui se fracture à plusieurs endroits. C'est la fin de la carrière de Morenz, et on annonce qu'il devra passer plusieurs semaines à l'hôpital.

Malheureusement, un mois et demi plus tard, Morenz meurt à l'hôpital d'une embolie cérébrale. Tous les fans de hockey sont consternés. Aurèle Joliat est infiniment triste. Assis à côté de l'emplacement de Morenz dans la chambre des joueurs, il regarde son équipement désormais inutile. Aucun mot ne pourrait exprimer son chagrin.

Le corps de Morenz est exposé au Forum, où des dizaines de milliers de ses admirateurs lui rendront un dernier hommage.

L'équipe retire son numéro 7. C'est la première fois que le Canadien retire un numéro, et on précise que plus personne ne pourra le porter, sauf son fils. Il s'appelle Howie junior et a seulement 10 ans. Il jouera plus tard pour le Canadien junior, mais ne se rendra pas jusqu'à la LNH.

Pendant ce temps, le Canadien a été vendu, pas cher, à un groupe contrôlé par les propriétaires du Forum. L'équipe ne va pas bien et l'économie non plus. Mais au moins l'équipe reste à Montréal : des rumeurs parlaient d'un déménagement à Cleveland.

En 1938, le hockey va très mal à Montréal, et on conclut qu'une des deux équipes doit disparaître. Comme il y a plus d'amateurs francophones que d'anglophones, on sacrifie les Maroons, qui auront remporté deux coupes Stanley dans leur histoire.

Dans le but d'améliorer les choses, le Canadien embauche un nouvel entraîneur-chef en juin 1939, l'ancien joueur « Babe » Siebert. Mais le malheur s'abat encore sur l'équipe. Au mois d'août, Siebert se noie en essayant d'aller chercher le ballon de ses filles dans un lac.

Comme pour Morenz, on organise un match d'étoiles pour en verser les profits à la famille du défunt. C'est là que les matchs d'étoiles de la LNH trouvent leur origine.

La Deuxième Guerre mondiale, commencée en 1939, cause des difficultés à toutes les équipes de la LNH. Plusieurs joueurs sont recrutés pour faire leur service militaire ou décident de s'enrôler.

Chez le Canadien, le meilleur marqueur de la saison 1940-1941, John Quilty, est enrôlé un an plus tard. Comme lui, nombreux sont ceux qui doivent arrêter de jouer pour aller sous les drapeaux. Parmi eux se trouvent Ken Reardon (un des meilleurs défenseurs de la ligue) et son frère Terry.

Heureusement, l'excellent défenseur Émile Bouchard, un grand gaillard costaud, est apiculteur. Il récolte le miel des abeilles des très nombreuses ruches qu'il possède, ce qui le dispense de s'engager dans l'armée. Ça tombe bien, car Bouchard est un des meilleurs défenseurs de sa génération et il deviendra une des grandes légendes de l'équipe.

Un autre joueur ne se joindra pas à l'armée, recalé parce qu'il est trop « fragile » : il a été blessé plusieurs fois. C'est un dénommé Maurice...

Il s'est fait remarquer chez les juniors comme un excellent marqueur. Mais, en 1940, il s'est fracturé la cheville gauche et, la saison suivante, le poignet gauche. L'année d'après, il joue avec le Canadien et se débrouille très bien pour une recrue : 11 points en 16 matchs.

Malheureusement, le surlendemain de Noël, dans un match contre Boston, il entre en collision avec John Crawford et se brise la cheville droite. On le trouve tellement fragile qu'on envisage de l'échanger.

Avant le début de la saison 1943-1944, il devient papa et sa fille Huguette pèse 9 livres. Pour célébrer l'arrivée de ce gros bébé, il demande à porter le numéro 9 au lieu du 15. C'est avec ce numéro que la légende de Maurice Richard, le « Rocket », commence.

Il forme un trio qu'on appelle la « Punch Line » avec Toe Blake et Elmer Lach. Ils connaissent une excellente saison, mais des séries éliminatoires encore meilleures. Le Rocket, qu'on surnomme ainsi parce qu'il fonce comme une fusée, marque même cinq buts dans un match de demi-finale contre Toronto. Après le match, on le désigne première, deuxième *et* troisième étoile du match! Le Canadien remporte enfin une autre coupe Stanley, sa première depuis treize ans.

La saison suivante restera dans les mémoires pour l'éternité. Richard marque 50 buts en 50 parties, du jamais vu! Il faudra près de quarante ans avant qu'un autre joueur, Wayne Gretzky, marque 50 buts en moins de matchs.

En cours de saison, Richard déménage le jour même d'une partie. Fatigué, il demande la permission de rater le match ce soir-là. Cette permission lui est refusée et il est obligé de jouer. Il inscrit cinq buts et trois passes pour huit points, un nouveau record! Tout le monde se met alors à lui dire qu'il devrait déménager tous les jours de match!

Les membres de la Punch Line sont les trois meilleurs marqueurs de la ligue, et cinq des six joueurs de la première équipe d'étoiles

MAURICE RICHARD

Ailier droit, 5'10", 170 lb, tire de la gauche. ▪ Né le 4 août 1921 à Montréal (Québec). ▪ Décédé le 27 mai 2000 à Montréal (Québec), à l'âge de 78 ans. ▪ Club LNH : Montréal. ▪ Numéros avec le Canadien : 15 (1942-1943) et 9 (1943-1944 à 1959-1960).

STATISTIQUES AVEC LE CANADIEN (saisons en gras : victoires de la coupe Stanley ; astérisque : meneur de la ligue)

	Saison régulière					Éliminatoires				
Saison	PJ	B	A	Pts	Pén.	PJ	B	A	Pts	Pén.
1942-43	16	5	6	11	4	-	-	-	-	-
1943-44	46	32	22	54	45	9	12*	5	17	10
1944-45	50	50*	23	73	46	6	6	2	8	10
1945-46	50	27	21	48	50	9	7*	4	11	15
1946-47	60	45*	26	71	69	10	6*	5	11*	44
1947-48	53	28	25	53	89	-	-	-	-	-
1948-49	59	20	18	38	110	7	2	1	3	14
1949-50	70	43*	22	65	114	5	1	1	2	6
1950-51	65	42	24	66	97	11	9*	4	13*	13
1951-52	48	27	17	44	44	11	4	2	6	6
1952-53	70	28	33	61	112	12	7	1	8	2
1953-54	70	37*	30	67	112	11	3	0	3	22
1954-55	67	38*	36	74	125	-	-	-	-	-
1955-56	70	38	33	71	89	10	5	9	14	24
1956-57	63	33	29	62	74	10	8	3	11	8
1957-58	28	15	19	34	28	10	11*	4	15	10
1958-59	42	17	21	38	27	4	0	0	0	2
1959-60	51	19	16	35	50	8	1	3	4	2
Total LNH	978	544	421	965	1285	133	82	44	126	188
Canadien	978	544	421	965	1285	133	82	44	126	188

Il a été le premier joueur de la LNH à marquer 50 buts en une saison et le premier à marquer 500 buts en carrière. Son numéro 9 a été retiré le 6 octobre 1960. Il a été intronisé au Temple de la renommée du hockey en 1961.

appartiennent au Canadien. Malheureusement, Montréal se fait éliminer par Toronto en demi-finale.

Qu'à cela ne tienne. En 1945-1946, le Canadien se remet en marche. Il finit encore premier de la ligue et remporte une autre coupe Stanley, ne perdant qu'un seul match en séries. Le Rocket est un héros !

Et le meilleur est encore à venir...

« J'ai entendu parler de Maurice Richard, dit Jade. Ils ont fait un film sur lui ! C'est Roy Dupuis qui jouait son rôle. »

« Exact, répond papa. Des joueurs de la Ligue nationale étaient aussi acteurs dans le film : Vincent Lecavalier, Mathieu Dandenault, Stéphane Quintal et plusieurs autres. Il y a aussi eu plusieurs documentaires et de nombreux livres sur le Rocket. »

« En plus, ajoute Charles, le gouvernement voulait appeler le nouveau pont Champlain le pont Maurice-Richard ! »

« C'est vrai, approuve papa. Mais, finalement, on a décidé que Samuel de Champlain, le fondateur de la Nouvelle-France, devrait rester dans la mémoire des Québécois. Ça n'empêche pas que le Rocket était une vraie idole. Tu vas voir tout à l'heure ce que les gens étaient prêts à faire pour lui. Mais on n'est pas encore rendus là. »

5

COMMENT ON CRÉE
LA PLUS GRANDE ÉQUIPE
DE TOUS LES TEMPS

Ça ne fait pas trois mois que le Canadien a remporté sa septième coupe Stanley que le directeur général Tommy Gorman est remplacé par Frank Selke. Celui-ci vient de quitter les Maple Leafs de Toronto.

Selke a une vision pour le Canadien. Le repêchage n'existe pas à l'époque. Les clubs de la LNH ont toutefois le droit de parrainer de nombreuses équipes de ligues mineures. Et le règlement dit que tout joueur d'une de ces équipes ne peut jouer dans la Ligue nationale que pour le club qui la parraine. Donc, plus le Canadien a d'équipes mineures dans son réseau, plus il a de chances de trouver des joueurs de talent pour améliorer le « grand club ».

Selke parle de son plan au président de l'équipe, l'Honorable Donat Raymond. Il lui faudra un gros budget, et les équipes de la LNH tendent à être plutôt radines. Mais Raymond est très favorable aux projets de Selke et lui dit une phrase qui est passée à l'histoire : « Les Montréalais méritent d'avoir une bonne équipe de hockey. Vas-y et construis un empire. »

Selke n'hésite pas et, en quelques années, le Canadien bâtit le plus grand réseau de clubs-écoles de la ligue, et aussi le plus productif.

L'équipe est avantagée par un règlement qu'on appelle « territorial ». Les joueurs de toute ville à moins de 50 milles (80 kilomètres) de Montréal appartiennent obligatoirement au Canadien. Ça veut dire que tout jeune qui joue à Montréal, Laval, Saint-Jérôme, Sorel, Saint-Jean-sur-Richelieu, Saint-Hyacinthe ou Drummondville ne peut jouer que pour le Canadien. Du coup, presque tous les meilleurs joueurs québécois se retrouvent dans l'organisation du Canadien.

Ces deux facteurs mèneront aux plus grandes dynasties de l'histoire du hockey.

Les résultats ne tardent pas. En 1947, Doug Harvey, un Montréalais de naissance, joint les rangs du Canadien, en provenance des Royaux de Montréal. Il deviendra le meilleur défenseur de l'histoire de l'équipe.

En 1951, c'est Dickie Moore qui arrive, un ailier gauche qui remportera deux championnats des marqueurs à la fin des années cinquante.

Mais le meilleur reste à venir...

Les deux plus grands espoirs de l'équipe sont sur le point d'apparaître. Bernard Geoffrion porte les couleurs du National de Montréal et a déjà connu une saison de 52 buts et 86 points en 35 matchs. Il sera l'un des premiers à utiliser le tir frappé, d'où son surnom de « Boum Boum ».

Et il y en a un autre. Un grand type né à Trois-Rivières et qui a grandi à Victoriaville. Depuis qu'il sait patiner, il a toujours été meilleur que les autres, même quand il jouait avec des plus vieux que lui. On le surnomme « le gros Bill », mais son vrai nom, c'est Jean Béliveau.

Aussi impensable que ça puisse paraître, la première offre que Jean Béliveau a reçue venait des Maple Leafs de Toronto! C'était possible, car Victoriaville est à plus de 50 milles de Montréal. Heureusement, son père trouvait qu'il était trop jeune pour signer un contrat.

Après quelques saisons à Victoriaville, il se retrouve avec l'équipe junior de Québec, les Citadelles. Leur aréna vient de brûler et on en a construit un tout neuf.

Le nouvel aréna, le Colisée, a coûté cher, et il faut donc une bonne équipe et un joueur populaire pour le remplir. Ça tombe bien, Béliveau devient tout de suite une immense vedette adorée par les gens de Québec. À tel point que, quand il a passé l'âge junior, au lieu d'aller jouer pour le Canadien, il reste à Québec, avec les As, un club de niveau sénior.

Les fans du Canadien s'arrachent les cheveux… Ils veulent absolument avoir Béliveau, mais il est si bien payé à Québec, par son équipe et par de nombreux commanditaires, que s'il allait jouer pour le Canadien, il perdrait de l'argent. Même Maurice Richard n'en peut plus, tellement il voudrait que « l'autre numéro 9 » (c'est le numéro de Béliveau à Québec) vienne jouer avec lui à Montréal.

Le journaliste qui écrit des chroniques pour Richard dans un journal s'emporte même un peu trop et traite les gens de Québec de « bandits ». C'est un peu fort et Richard devra s'excuser, même si le mot n'est pas de lui. Les gens de Québec vont en vouloir longtemps au Rocket.

Deux années interminables s'écoulent, durant lesquelles le Canadien réussit tout de même à remporter une coupe Stanley, en 1953. La télé avait fait son apparition au Canada au début de la saison. C'est un match du Canadien qui, le premier, est retransmis au pays. René Lecavalier décrira les matchs de l'équipe montréalaise pendant 33 saisons.

Finalement, Frank Selke convoque Béliveau à son bureau et ils discutent longtemps. Au bout de deux heures, la porte du bureau s'ouvre et Selke annonce aux journalistes : « Vous n'avez pas attendu en vain. » Béliveau a obtenu un *gros* contrat. À tel point que Selke est obligé d'augmenter le salaire des autres joueurs, pour éviter des injustices.

Le soir même, Béliveau joue pour le Canadien. C'est la partie d'étoiles : à l'époque, le champion de la coupe Stanley de l'année précédente affrontait les étoiles des autres équipes. Pour la première fois de sa carrière, Jean Béliveau porte le numéro 4.

Il ne manque plus grand-chose pour que le Canadien écrive l'histoire. Mais avant, les murs du Forum vont trembler…

JEAN BÉLIVEAU

Centre, 6'3", 205 lb, tire de la gauche. ▪ Né le 31 août 1931 à Trois-Rivières (Québec). ▪ Décédé le 2 décembre 2014 à Longueuil (Québec), à l'âge de 83 ans. ▪ Club LNH : Montréal. ▪ Numéros avec le Canadien : 17 (1950), 20 (1951), 12 (1952-1953), 8 (1971) et 4 (1953-1954 à 1970-1971).

STATISTIQUES AVEC LE CANADIEN (saisons en gras : victoires de la coupe Stanley ; astérisque : meneur de la ligue)

	Saison régulière					Éliminatoires				
Saison	PJ	B	A	Pts	Pén.	PJ	B	A	Pts	Pén.
1950-51	2	1	1	2	0	-	-	-	-	-
1952-53	3	5	0	5	0	-	-	-	-	-
1953-54	44	13	21	34	22	10	2	8*	10	4
1954-55	70	37	36	73	58	12	6	7	13	18
1955-56	70	47*	41	88*	143	10	12*	7	19*	22
1956-57	69	33	51	84	105	10	6	6	12	15
1957-58	55	27	32	59	93	10	4	8	12	10
1958-59	64	45*	46	91	67	3	1	4	5	4
1959-60	60	34	40	74	57	8	5	2	7	6
1960-61	69	32	58*	90	57	6	0	5	5	0
1961-62	43	18	23	41	36	6	2	1	3	4
1962-63	69	18	49	67	68	5	2	1	3	2
1963-64	68	28	50	78	42	5	2	0	2	18
1964-65	58	20	23	43	76	13	8	8	16	34
1965-66	67	29	48*	77	50	10	5	5	10	6
1966-67	53	12	26	38	22	10	6	5	11	26
1967-68	59	31	37	68	28	10	7	4	11	6
1968-69	69	33	49	82	55	14	5	10*	15	8
1969-70	63	19	30	49	10	-	-	-	-	-
1970-71	70	25	51	76	40	20	6	16*	22	28
Total LNH	1125	507	712	1219	1029	162	79	97	176	211
Canadien	1125	507	712	1219	1029	162	79	97	176	211

Il a marqué le but gagnant de la coupe Stanley le plus hâtif, à peine 14 secondes après le début du match, le 1er mai 1965 contre Chicago. Son nom est inscrit sur la coupe Stanley à 17 reprises : dix fois comme joueur et sept fois comme dirigeant. Son numéro 4 a été retiré le 9 octobre 1971. Il a été intronisé au Temple de la renommée du hockey en 1972.

6

L'ÉMEUTE

On est en décembre 1954. Jean Béliveau en est à sa deuxième saison, mais Maurice Richard reste un des meilleurs joueurs de la ligue. Les autres équipes font tout ce qu'elles peuvent pour le ralentir, et lui portent surtout des coups illégaux pour le blesser.

En décembre, dans un match à Toronto, Richard se fait frapper par-derrière par Bob Bailey, un ailier droit sans talent qui n'a marqué que deux buts en près de 50 matchs la saison précédente. L'arbitre ne donne pas de pénalité. Richard se fâche et poursuit Bailey.

Il le rattrape et lui donne un coup de bâton avant de lui tomber dessus. Pour se défendre, Bailey essaie de lui mettre les doigts dans les yeux. Richard devient complètement furieux et frappe de plus belle avec son bâton. Finalement, on arrive à le retenir et il est expulsé.

Le lendemain, le président de la LNH, Clarence Campbell, lui impose une amende. En soi, ce n'est pas très grave, car les fans de Richard se cotisaient pour payer ses amendes. Mais il en a marre d'être puni quand ce sont toujours les autres qui l'attaquent en premier.

Les Québécois aussi en ont assez, mais pour une autre raison : encore une fois, un Canadien français est humilié par un Anglais, dans ce cas-ci Campbell. À l'époque, on appelait « Canadiens français » les Québécois francophones.

Dans la vie économique du Québec des années cinquante (et avant), les patrons étaient généralement des anglophones, qu'on appelait les « Anglais ». Les Canadiens français étaient le plus souvent de simples employés, et souvent leurs patrons ne les traitaient pas très bien. Ils se sentaient humiliés, comme Richard devant Campbell.

Un second événement va bientôt faire exploser la marmite. À la mi-mars, le Canadien joue à Boston contre les Bruins. Alors qu'il vient d'enlever la rondelle à Hal Laycoe, Maurice Richard s'échappe contre le gardien. Lancé à sa poursuite, Laycoe le frappe à la tête avec son bâton et ce dernier s'aperçoit qu'il saigne.

Il fonce sur Laycoe et se met à le frapper, lui faisant perdre ses lunettes. Eh oui, à l'époque, certains joueurs portaient des lunettes sur la patinoire. Richard est fou de rage et un juge de ligne s'interpose.

Cliff Thompson est un ancien joueur des Bruins. Ça peut paraître bizarre aujourd'hui, mais il était alors fréquent d'utiliser d'anciens joueurs comme juges de ligne dans la ville où ils avaient joué. Ça évitait de payer des billets de train et des chambres d'hôtel aux juges de ligne.

Est-il maladroit? Ou le fait-il exprès? Au lieu de se mettre entre les deux combattants, Thompson retient les bras de Richard par-derrière. Laycoe en profite pour frapper le Rocket. Richard réussit à se dégager, mais Thompson le rattrape encore par-derrière. Au bout d'un moment, Richard n'en peut plus et donne un bon coup de poing à Thompson.

Ce qui s'est passé exactement ce soir-là est bien nébuleux. Le match n'était pas télévisé ni filmé. Et au fil des ans, ceux qui étaient présents ont raconté les événements de façons très différentes. Mais Richard a donné un coup de poing au juge de ligne, ça, personne n'en doute.

Il est de nouveau convoqué au bureau de Clarence Campbell qui décide de le punir de façon exemplaire, pour qu'il ne recommence plus. Richard est suspendu pour le reste de la saison, y compris les séries éliminatoires.

Lui qui espérait enfin remporter le championnat des marqueurs, chose qui ne lui était jamais arrivée, voit ses chances s'envoler. Il enrage d'avoir reçu une punition injuste, mais il ne peut rien faire.

Les Québécois sont furieux. Avant le match suivant, contre Detroit, des milliers de personnes, francophones et anglophones, manifestent leur colère devant le Forum. Le maire de Montréal, Jean Drapeau, demande à Clarence Campbell de ne pas aller au match, pour ne pas mettre le feu aux poudres.

Mais Campbell n'écoute personne. Pire, il arrive en retard et tout le monde le remarque quand il entre au Forum. Un jeune homme le gifle. Des spectateurs se mettent à lui lancer toutes sortes d'objets.

Un autre jeune homme lance une bombe lacrymogène, qui fait extrêmement mal aux yeux. C'est la panique. Les spectateurs quittent le Forum. Les autorités annoncent que le match ne sera pas terminé et la victoire est donnée aux Red Wings. De toute façon, ils menaient déjà 4-1. Par un pur hasard, dans la cohue, Richard et Campbell se retrouvent face à face. Heureusement, le Rocket se retient...

Dans la rue, les gens brisent des vitrines, pillent des magasins, renversent des voitures de police. On n'a jamais vu ça à Montréal. Le calme ne reviendra qu'au milieu de la nuit.

Le lendemain matin, Richard doit parler à la radio pour demander aux gens de se calmer et d'encourager leur équipe à finir première pour gagner la coupe Stanley.

La colère contre Clarence Campbell est tellement forte que les gens arrêtent même de manger de la soupe Campbell! Des petits malins en profitent pour mettre sur le marché la soupe Maurice Rocket Richard...

À l'avant-dernier match de la saison, Bernard Geoffrion marque un but qui le fait dépasser Richard au classement des marqueurs. Richard perd ainsi l'occasion de remporter le trophée Art Ross. Certains spectateurs huent Boum Boum pour avoir privé le Rocket de ce titre. Geoffrion en est très triste et aura longtemps du mal à oublier ces huées malheureuses.

Le Canadien termine deuxième et est éliminé par Detroit dans le septième match de la finale de la coupe Stanley. Il n'y a pas de doute : avec le Rocket, le Canadien l'aurait emporté.

Il aura sa revanche...

7

LA PLUS GRANDE DYNASTIE

L'après-saison est difficile pour Dick Irvin, l'entraîneur-chef de l'époque. Son équipe a perdu le
septième match de la finale, et certains le blâment
pour la suspension du numéro 9. Irvin a toujours
considéré que le Rocket était à son meilleur quand
il était fâché. Mais s'il est suspendu pendant les
séries éliminatoires à cause de son agressivité, à
quoi bon?

Frank Selke décide donc de se séparer d'Irvin, qui
ira à Chicago essayer de ressusciter les Black
Hawks, qui finissent toujours derniers. Cependant, Irvin souffre déjà d'un cancer des os. Il ne
restera à la barre des Hawks qu'une seule saison.

À Montréal, pour le remplacer, on hésite entre
Billy Reay et Toe Blake, deux anciens joueurs de
l'équipe. Maurice Richard aimerait beaucoup que
ce soit Blake, son ancien compagnon de ligne. Il a

eu beaucoup de succès avec lui. Est-ce que la préférence de Richard a eu une influence sur la décision? On ne le sait pas. Mais c'est bel et bien Blake qui est sélectionné.

Blake choisit une nouvelle approche avec Richard. Il fait tout pour éviter que sa vedette se retrouve dans des situations explosives. La bonne nouvelle? Ça marche! Richard ne sera jamais plus suspendu, ni même mêlé à des incidents fâcheux.

Tout est en place pour le début de la plus grande dynastie de hockey de tous les temps.

La dernière pièce du puzzle, c'est Henri Richard, le frère de Maurice. Ils ont presque 15 ans d'écart et ne se connaissent pas beaucoup: Maurice a quitté la maison quand Henri était encore tout petit.

Henri et Maurice s'entendent très bien sur la glace. Alors c'est Henri qui sera le joueur de centre sur le trio de Maurice, plutôt que Béliveau. Par conséquent, le numéro 4 et le numéro 9 ne joueront pas souvent ensemble : seulement sur les avantages numériques.

Ces avantages numériques sont particulièrement fructueux pour l'équipe. Le 5 novembre, les Bruins mènent 2-0 au Forum, mais leur joueur Cal Gardner est puni dix secondes avant la fin de la première période. Pour aggraver les choses, son coéquipier Hal Laycoe est puni 16 secondes après le début de la deuxième période.

La suite est tout un exploit : Jean Béliveau marque trois buts en 44 secondes ! À l'époque, les punitions ne se terminaient pas après un but. Béliveau n'a pas manqué d'en profiter. Les spectateurs lancent plein d'objets sur la glace pour manifester leur joie, mais l'entraîneur-chef des Bruins, Milt Schmidt, et ses joueurs reprochent à l'arbitre ses punitions trop sévères.

Ce n'est toutefois pas un record : trois ans plus tôt, Bill Mosienko, des Black Hawks, avait marqué trois buts en 21 secondes. L'exploit de Béliveau fera changer le règlement, dès la saison suivante.

À cette première saison après l'émeute, le Canadien finit premier de la ligue, avec 24 points d'avance sur le deuxième, Detroit, qu'il bat en cinq matchs en finale de la coupe Stanley. L'équipe commence ainsi une extraordinaire séquence.

Avant le début de la saison 1957-1958, l'équipe est achetée par deux frères Molson. Ce n'est pas la première fois que la famille Molson est associée au Canadien : le colonel Herbert Molson avait été copropriétaire de l'équipe en 1924. Cette fois, l'équipe est solidement rattachée à la famille. Elle l'est encore aujourd'hui, malgré deux intermèdes de son histoire où elle a été acquise par d'autres.

Le 28 janvier 1958, Bernard Geoffrion entre en collision avec son coéquipier André Pronovost durant un entraînement. Il tombe sur la glace et se tord de douleur. La collision a causé la perforation du gros intestin, une blessure très grave qui peut causer la mort si on n'opère pas tout de suite.

L'épouse de Geoffrion, Marlene, ancienne patineuse artistique, est la fille de Howie Morenz.

Au même moment, elle est dans un autre hôpital, où elle vient de donner naissance à leur fils Danny. Pendant quelques heures, elle craint que son époux meure à cause d'une blessure de hockey, comme son père. On peut imaginer son angoisse. Heureusement, Geoffrion s'en remettra et continuera sa brillante carrière.

Un autre joueur du Canadien subira une vilaine blessure, peu de temps après. Le 1er novembre 1959, au cours d'un match à New York, le gardien Jacques Plante donne un coup de bâton à Andy Bathgate des Rangers. Pour se venger, celui-ci envoie la rondelle directement au visage de Plante, lui brisant le nez. À l'époque, les gardiens ne portaient pas de masque. De plus, il était rare que les équipes aient un gardien remplaçant.

Plante est le plus grand innovateur que la ligue ait connu. Par exemple, il a été le premier à quitter le devant de son filet. Il allait attraper des rondelles derrière son but et faisait des passes à ses coéquipiers.

En 1959, il y a déjà un moment qu'il utilise un masque lors des entraînements. Toe Blake refuse toutefois qu'il le porte lors des matchs. Il craint que sa vision ne soit affectée, surtout quand la rondelle est près de lui.

À l'infirmerie, le visage et le chandail de Plante sont ensanglantés. Le journaliste Jacques Beauchamp, qui sert de gardien lors des entraînements du Canadien, arrive à toute vitesse. Il espère avoir une chance de jouer «pour de vrai» dans la LNH.

Par ailleurs, les Rangers sont obligés de proposer un gardien remplaçant. Ils suggèrent Arnie Knox, gardien de ligue mineure, ou Joe Schaefer, qui n'a pas enfilé de patins de l'année. Blake sait ce qu'il lui reste à faire.

«C'est bon, mets le masque», dit-il à Plante. Le gardien n'a même pas eu besoin de le demander. Il traverse la glace sous les applaudissements de la foule new-yorkaise, pour se rendre de l'infirmerie au vestiaire. Quand il revient, il porte un masque d'une laideur épouvantable, digne des films d'horreur. Mais ça marche ! Plante n'accorde qu'un but dans le match, dans une victoire de 3-1.

Plante prouvera que le masque ne lui nuit pas du tout. Le Canadien connaît une séquence de 18 matchs sans défaite. L'équipe conquiert alors sa cinquième coupe Stanley consécutive, un exploit jamais vu et jamais répété !

Douze joueurs voient leur nom inscrit sur la coupe à chacune de ces cinq années : Jean Béliveau, Bernard Geoffrion, Doug Harvey, Tom Johnson, Don Marshall, Dickie Moore, Jacques Plante, Claude Provost, Henri Richard, Maurice Richard, Jean-Guy Talbot et Bob Turner.

8

DES LÉGENDES PARTENT, MAIS LES SUCCÈS CONTINUENT

Au début de la saison 1960-1961, Maurice Richard se présente au camp d'entraînement mais n'y reste que trois jours. Sa décision est prise : il prend sa retraite. Il a subi de très nombreuses blessures et son corps est fatigué.

Le Canadien finit tout de même premier au classement, mais est éliminé dès le premier tour des éliminatoires, par les Black Hawks de Chicago. Les séquences de cinq coupes Stanley et de dix participations consécutives à la finale sont terminées pour le Canadien.

C'est Doug Harvey qui remplace le Rocket comme capitaine. Le défenseur et quelques autres essaient de former un syndicat pour défendre les joueurs. Il s'agit de se regrouper et de faire appel à des professionnels de la négociation pour être mieux traités. Les salaires des joueurs sont alors très bas en comparaison de ceux des athlètes issus des autres sports professionnels. Et, à la retraite, plusieurs d'entre eux se retrouvent complètement démunis.

La ligue fait tout pour empêcher la formation du syndicat, et le Canadien enverra Harvey aux Rangers la saison suivante, pour le punir, comme d'autres équipes l'ont fait avec leurs joueurs. Incroyable, quand on pense qu'il avait remporté le trophée Norris, remis au meilleur défenseur, lors de six des sept saisons précédentes.

Jean Béliveau remplace Harvey comme capitaine, à la grande déception de Bernard Geoffrion qui croyait bien hériter du rôle. Mais Béliveau se montrera à la hauteur du poste et, aujourd'hui, plusieurs considèrent qu'il fut le plus grand capitaine de l'histoire du hockey.

Après la saison 1963-1964, le directeur général Frank Selke, qui a 71 ans, est remplacé par Sam Pollock. Pollock est un dirigeant brillant. Il est sûrement celui qui a effectué les meilleures transactions de l'histoire du Canadien. Dès sa première année, le Canadien remporte une nouvelle coupe Stanley et répète l'exploit l'année suivante.

En 1966-1967, la Ligue nationale en est à sa dernière saison avec seulement six équipes. On a annoncé que, la saison suivante, on doublerait le nombre d'équipes. Le Canadien veut absolument remporter la coupe Stanley, pour en avoir gagné trois de suite, mais aussi à cause d'Expo 67.

L'exposition internationale de Montréal, appelée Expo 67, aura un énorme impact sur la société québécoise. Pour l'occasion, on crée une île artificielle sur le fleuve Saint-Laurent : l'île Notre-Dame.

Pas moins de 62 pays ont construit des pavillons que les visiteurs pourront parcourir. Ils découvriront ainsi la culture et le mode de vie des habitants de la planète. Mais quel est le rapport avec le Canadien ? Eh bien, le pavillon du Canada a prévu un endroit spécial pour exposer la coupe

Stanley, que le Canadien doit donc remporter juste avant l'ouverture de l'exposition.

Malheureusement, il semble qu'on ait oublié de prévenir les Maple Leafs de Toronto de ces plans. Ils remportent la finale de la coupe Stanley en six matchs. Le présentoir du pavillon du Canada restera vide. Presque tous les joueurs du Canadien qui ont vécu cette défaite en 1967 diront qu'il s'agit de la plus grosse déception de leur carrière.

La saison suivante, il y a maintenant 12 équipes dans la LNH. Los Angeles, le Minnesota, Oakland, Philadelphie, Pittsburgh et St. Louis forment la nouvelle division Ouest. Les « anciennes » équipes sont dans la division Est.

Le Canadien est premier de la ligue et remporte la coupe Stanley avec une fiche de 12 victoires et une seule défaite lors des séries éliminatoires. C'est la domination complète.

Toe Blake annonce alors sa retraite. Pour le remplacer, on choisit Claude Ruel qui, à 30 ans, est le plus jeune entraîneur-chef de l'histoire de l'équipe. C'est un ancien joueur très prometteur qui avait été gravement blessé à l'œil. Il avait perdu la vue du côté gauche et ne pouvait donc plus envisager une carrière comme joueur.

À la première saison de Ruel, le Canadien finit premier au classement, mais les Bruins ne sont pas loin derrière, grâce au jeune Bobby Orr. En demi-finale, les deux équipes s'affrontent lors d'une série de très grande qualité. Le Canadien élimine les Bruins à la deuxième prolongation du sixième match, grâce à un but de Jean Béliveau. Étonnamment, c'est le seul but en prolongation de toute la carrière de Béliveau. En finale, le Canadien défait facilement les Blues de St. Louis.

C'est la quatrième coupe Stanley en cinq ans pour le Tricolore. Si la finale de 1967 ne lui avait pas échappé, l'équipe aurait connu une autre séquence de cinq coupes Stanley consécutives. On comprend encore plus la déception des joueurs de l'année de l'Expo.

La saison 1969-1970 est très décevante. Le dernier jour de la saison, le Canadien a deux points d'avance sur les Rangers. Mais, en après-midi, les Red Wings n'utilisent que leurs moins bons joueurs contre les Rangers, qui l'emportent facilement 9-5. Plusieurs pensent que les Red Wings ont fait exprès de perdre.

Ainsi, le Canadien doit obtenir une victoire ou un match nul contre Chicago, ou alors marquer au moins cinq buts. Après avoir pris l'avance, le Canadien s'avoue vaincu 10-2.

Avec 92 points, le Canadien n'a que sept points de retard sur le champion de la ligue (Chicago), mais il est exclu des séries. Dans la division Ouest, les Seals d'Oakland se qualifient avec 58 points. Le système n'est pas très juste…

Jean Béliveau voulait prendre sa retraite à la fin de la saison, mais quelle déception ce serait de terminer sur un tel échec. Sam Pollock le convainc de rester une saison de plus. Excellente idée !

Les Bruins de Boston ont une machine offensive extraordinaire lors de la saison 1970-1971 et battent une trentaine de records. Le Canadien a une très bonne équipe, mais il est battu cinq fois par les Bruins en saison régulière.

Ces deux équipes s'affrontent dans la première ronde des séries. Le Canadien surprend tout le monde en faisant appel à Ken Dryden, un gardien recrue « grand format » qui n'a disputé que six matchs durant la saison. Il les a tous gagnés, mais il s'agissait de matchs contre des équipes faibles.

Après une défaite au premier match, le Canadien réussit à revenir d'un recul de 5-1 dans le deuxième, pour l'emporter 7-5. Les Bruins n'en reviennent pas !

Le reste de la série entrera dans la légende, tellement les matchs sont de haute qualité. Le Canadien l'emporte finalement en sept matchs grâce aux miracles de Dryden. Le joueur vedette des Bruins, Phil Esposito, lui rend un hommage un peu bizarre. En parlant de Dryden, il dit : « Ce gars-là a des bras comme une girafe ! »

Dryden continue ses exploits, et le Canadien élimine ses deux adversaires suivants, Minnesota et Chicago. Cette coupe Stanley sera la plus incroyable de l'histoire de l'équipe. Dryden remporte le trophée Conn Smythe du meilleur joueur des séries.

Henri Richard, qui en est à sa dixième coupe Stanley, et Frank Mahovlich, à sa cinquième, disent la même chose : « C'est la plus agréable victoire, parce que personne ne croyait en nos chances. »

À ce moment, une grande légende va quitter le Canadien, mais une autre est sur le point d'arriver...

9

LES ANNÉES LAFLEUR

Après sa dixième conquête de la coupe Stanley, Jean Béliveau annonce sa retraite. Le Canadien a encore d'excellents joueurs, notamment Frank Mahovlich, mais il a besoin d'une très grande vedette.

Ça tombe bien, un nouveau venu dans l'équipe va parfaitement remplir ce rôle. Grâce à un autre échange judicieux de Pollock, le Canadien obtient le premier choix au repêchage. Deux excellents joueurs sont disponibles, tous deux Québécois. Pollock prend Guy Lafleur, laissant Marcel Dionne aux Red Wings de Detroit.

Lafleur est un prodige que tout le monde surveille depuis des années. Il a été impressionnant lors de trois tournois pee-wee consécutifs à Québec. En jouant pour les Remparts, l'équipe junior de Québec, il est devenu l'idole de cette ville, comme Béliveau avant lui.

À Montréal, il mettra un peu de temps à s'épa-
nouir. Au cours des trois premières saisons, sa
fiche est bonne, mais n'est pas celle d'une grande
vedette. À Detroit, Marcel Dionne fait nettement
mieux.

À sa quatrième saison avec le Canadien, Guy
Lafleur cesse de porter son casque protecteur.
Coïncidence? Sans doute. Mais il se met à jouer
comme la grande vedette que tout le monde
attendait. Il marque 50 buts par saison ou plus
durant six saisons consécutives.

Ailier droit, 6'0", 185 lb, tire de la droite. ■ Né le 20 septembre 1951 à Thurso (Québec). Clubs LNH : Montréal, Rangers de New York et Québec. ■ Choix de 1re ronde (1er au total) au repêchage amateur de 1971. ■ A annoncé sa retraite le 26 novembre 1984, mais est revenu au jeu à l'automne 1988 avec les Rangers de New York. ■ Numéro avec le Canadien : 10 (1971-1972 à 1984-1985).

STATISTIQUES AVEC LE CANADIEN (saisons en gras : victoires de la coupe Stanley ; astérisque : meneur de la ligue)

	Saison régulière					Éliminatoires				
Saison	PJ	B	A	Pts	Pén.	PJ	B	A	Pts	Pén.
1971-72	73	29	35	64	48	6	1	4	5	2
1972-73	69	28	27	55	51	17	3	5	8	9
1973-74	73	21	35	56	29	6	0	1	1	4
1974-75	70	53	66	119	37	11	12*	7	19	15
1975-76	80	56	69	125*	36	13	7	10	17	2
1976-77	80	56	80*	136*	20	14	9	17*	26*	6
1977-78	78	60*	72	132*	26	15	10*	11	21*	16
1978-79	80	52	77	129	28	16	10	13*	23*	0
1979-80	74	50	75	125	12	3	3	1	4	0
1980-81	51	27	43	70	29	3	0	1	1	2
1981-82	66	27	57	84	24	5	2	1	3	4
1982-83	68	27	49	76	12	3	0	2	2	2
1983-84	80	30	40	70	19	12	0	3	3	5
1984-85	19	2	3	5	10	-	-	-	-	-
Total LNH	1126	560	793	1353	399	128	58	76	134	67
Canadien	961	518	728	1246	381	124	57	76	133	67

Il a connu six saisons consécutives de 50 buts ou plus dans la LNH. C'est le premier joueur à avoir réalisé cet exploit. Son numéro 10 a été retiré le 16 février 1985. Il a été intronisé au Temple de la renommée du hockey en 1988. C'est l'un des rares joueurs à être retournés jouer dans la LNH après avoir été intronisés. Les deux seuls autres sont Gordie Howe et Mario Lemieux.

Entretemps, il y a des bouleversements dans le monde du hockey. Au début de 1972, on annonce la création d'une nouvelle ligue : l'Association mondiale de hockey (AMH). Ses propriétaires font des offres alléchantes aux joueurs de la LNH et plusieurs se laissent tenter. Certains joueurs se font offrir plus de cinq fois le salaire qu'ils gagnaient l'année précédente.

Un des meilleurs joueurs de la LNH, Bobby Hull, accepte une offre de trois millions de dollars pour jouer à Winnipeg. La ville de Québec a aussi son équipe : les Nordiques.

À peu près toutes les équipes de la Ligue nationale perdent quelques joueurs. Le Canadien perd l'excellent défenseur Jean-Claude Tremblay, qui deviendra le pilier des Nordiques. Il perd aussi Réjean Houle et Marc Tardif, les deux premiers choix au repêchage de 1969. Mais plusieurs autres équipes perdent encore plus et, finalement, le Canadien s'en sort plutôt bien.

Le Canadien a surtout failli perdre Guy Lafleur au profit de l'AMH. Le numéro 10 signe un contrat avec le Canadien à peine quelques heures avant de recevoir une meilleure offre des Nordiques.

L'autre gros bouleversement, c'est l'annonce d'une série de huit matchs entre les meilleurs joueurs de la LNH et l'équipe nationale de l'URSS. Ce vaste pays a, depuis, été séparé en quinze pays, dont le plus important est la Russie. Équipe Canada compte six joueurs du Canadien.

Tout le monde a confiance en une victoire facile du Canada, mais ce n'est pas le cas. Les joueurs canadiens doivent revenir de l'arrière et remporter les trois derniers matchs, disputés à Moscou, pour remporter la série.

De retour au pays, les joueurs du Canadien remportent une autre coupe Stanley, celle de 1973. Yvan Cournoyer a remplacé Jean Béliveau comme capitaine et est le meilleur joueur des séries éliminatoires.

La saison suivante, coup de théâtre! Ken Dryden quitte l'équipe et retourne aux études. Il avait commencé des études de droit avant de se joindre au Canadien, et souhaitait un jour obtenir son diplôme. Toutefois, les raisons de sa décision sont financières. Voyant l'augmentation des salaires dans la ligue, il veut renégocier son contrat. Sam Pollock refuse et Dryden part.

Trois gardiens tentent de remplacer Dryden, avec plus ou moins de succès : Wayne Thomas, Michel Larocque et Michel Plasse. Mais le résultat n'est pas concluant. Heureusement, Pollock réussira à s'entendre avec Dryden pour qu'il revienne l'année suivante.

Un an après le retour de Dryden, le Canadien dispose d'une des plus formidables machines de hockey de l'histoire. Sa défense, en particulier, est la meilleure qu'on ait vue. Elle est basée sur ce qu'on appelle le « Big Three » : Serge Savard, Guy Lapointe et Larry Robinson.

En 1975-1976, le Tricolore domine la ligue en saison régulière. Le 31 décembre, il dispute un match hors-concours contre l'équipe de l'Armée rouge soviétique. Plusieurs diront que c'est le plus grand match de hockey de l'histoire. Après avoir pris les devants 2-0 puis 3-1, le Canadien doit se contenter d'un match nul de 3-3. La foule au Forum applaudit à tout rompre les joueurs des deux équipes.

Les joueurs du Canadien sont heureux d'avoir participé à un si beau match, mais tristes de n'avoir pu offrir la victoire à leurs partisans. Le plus déçu est Ken Dryden, qui a accordé trois buts sur 13 tirs. En comparaison, le gardien adverse Vladislav Tretiak a aussi cédé trois fois, mais sur 38 tirs.

Au printemps, Montréal se retrouve en finale contre Philadelphie. Les Flyers de Philadelphie viennent de remporter deux coupes Stanley sous les ordres de Fred Shero. Celui-ci a mis en place un système d'intimidation où les bagarres sont plus importantes que les buts.

Le Canadien a déjà montré aux Flyers qu'il ne se laisserait pas intimider. Dans un match pré-saison contre eux, il y a eu tellement de bagarres que l'arbitre a arrêté la rencontre avant la fin. Mais c'est le Canadien qui a remporté toutes les bagarres.

Lors de la finale, les Flyers n'arrivent pas à suivre le rythme, et encore moins à intimider le Canadien. L'équipe montréalaise remporte la coupe Stanley à Philadelphie devant une foule déçue, mais qui rend tout de même hommage aux nouveaux champions. C'est le début d'une troisième dynastie pour le Canadien.

En 1976-1977, le Canadien offre sans doute la saison la plus extraordinaire de toute l'histoire de la LNH. Le Tricolore ne perd que huit matchs sur 80, dont un seul à domicile. Il récolte 132 points, un record qui tient toujours. En séries éliminatoires, il ne perd que deux matchs, en route vers une deuxième coupe Stanley de suite. Il en obtiendra une troisième l'année suivante.

En 1978-1979, le Canadien vise une quatrième coupe consécutive, mais il a toute une frousse. Au septième match de la demi-finale contre les Bruins, avec moins de trois minutes à faire, Montréal perd par un but. Le Canadien sera-t-il éliminé?

L'espoir revient quand les Bruins sont punis pour avoir eu trop de joueurs sur la glace. Ils étaient tellement excités à l'idée de battre le Canadien qu'un joueur a sauté sur la glace au mauvais moment. Le Canadien doit profiter de cette occasion.

En entrant dans le territoire des Bruins, Jacques Lemaire refile la rondelle derrière lui à Lafleur. Celui-ci effectue un tir frappé que le gardien Gilles Gilbert ne peut arrêter. Au Forum, les partisans hurlent de joie. L'entraîneur-chef des Bruins, Don Cherry, n'oubliera jamais ce moment, qui est le plus décevant de sa carrière.

En prolongation, Serge Savard enlève la rondelle à Rick Middleton et l'envoie à Réjean Houle, qui la passe aussitôt à Mario Tremblay. Celui-ci fonce à l'aile droite et passe le disque devant le but. Yvon Lambert arrive juste au bon moment et marque le but gagnant. Le Forum explose de joie : le Canadien se rend en finale après avoir donné des sueurs froides à ses partisans.

Après la partie, les joueurs du Canadien sont au comble du bonheur. Lafleur sait bien qu'il a sauvé le match. Après la deuxième période, les Bruins menaient 3-1. Lafleur s'est dit : « Si nous perdons, nous sommes éliminés. Alors autant tout donner dans cette dernière période. »

C'est ce qu'il a fait. Non seulement il a marqué le but égalisateur, mais c'est lui qui a préparé les deux autres de la période pour le Tricolore. Aujourd'hui, bien qu'il ait marqué 560 buts en carrière dans la LNH, quand Lafleur rencontre des fans, la plupart ne lui parlent que de ce but-là.

Le but gagnant de Lambert est encore plus important pour lui. Il n'était pas une vedette, mais ce but a fait de lui un héros. Grâce à son but, le Canadien a remporté sa quatrième coupe Stanley consécutive, et la 22e de son histoire. Plus de trente-cinq ans plus tard, on lui en parle encore presque tous les jours. C'est le but le plus important de sa carrière.

Le Tricolore remporte ensuite, sans trop de difficulté, la finale contre les Rangers. C'est la 16e coupe Stanley qu'il remporte en 27 années. Pendant plus d'un quart de siècle, l'équipe a gagné la coupe plus d'une saison sur deux. Quel bonheur pour ses partisans!

C'est à nouveau l'heure de se coucher. Jade et Charles ont la tête pleine des images qu'ils ont vues en noir et blanc dans les livres de papa : le Rocket avec son regard de feu, l'émeute à Montréal, la fameuse coupe Stanley soulevée tant de fois par leur équipe victorieuse...

Quant à André, ce soir-là, il s'endort en revoyant les héros de sa jeunesse. Il revoit ce fameux but de Lafleur contre Boston, suivi de celui de Lambert. Il se souvient combien son cœur battait fort à quelques minutes de la fin, puis en prolongation. Quels beaux souvenirs !

Avant de se dire bonne nuit, le prochain rendez-vous est fixé pour samedi après-midi, au salon. C'est à ce moment que André, Jade et Charles tourneront les dernières pages de cette histoire.

Le samedi suivant, André a apporté d'autres photos... Une nouvelle équipe dans la ligue fait la vie dure au Canadien. Il y a aussi un gardien exceptionnel qui a permis à son équipe de vivre d'autres moments de gloire.

10

LA RIVALITÉ QUÉBEC-MONTRÉAL EST DE RETOUR

Après la quatrième coupe Stanley consécutive du Canadien, en 1979, beaucoup de changements se produisent. Déjà, le directeur général Sam Pollock est parti l'année précédente. On l'a remplacé par son assistant Irving Grundman, un gestionnaire qui n'était pas un expert du hockey.

L'entraîneur-chef Scotty Bowman aurait voulu avoir le poste de Pollock. Mécontent, il quitte l'équipe à la fin de son contrat. Sur la glace, Ken Dryden et Jacques Lemaire prennent leur retraite, même s'ils sont encore jeunes : 32 et 34 ans respectivement.

Yvan Cournoyer, lui, voudrait continuer. Il participe à deux matchs pré-saison et marque trois buts. Mais son dos, qui a déjà été opéré, lui fait tellement mal que, le lendemain du deuxième match, il ne peut plus sortir du lit. Il annonce à regret sa retraite. C'est Serge Savard qui devient capitaine.

Avec le départ de Lemaire et de Cournoyer se termine la période où le Canadien avait la possibilité de mettre la main sur les meilleurs joueurs québécois. Le système de parrainage, qui donnait à l'équipe les droits sur tous les jeunes joueurs appartenant à une équipe parrainée, a disparu au milieu des années soixante. Il a été remplacé par le repêchage. Au début, le Canadien pouvait repêcher les deux premiers joueurs francophones. Ce privilège a été aboli en 1970.

Au camp d'entraînement, il ne reste que trois Québécois obtenus par l'ancien système : Serge Savard, Guy Lapointe et Réjean Houle, et les trois approchent de la fin de leur carrière.

Grundman a un mal fou à désigner un nouvel entraîneur-chef pour remplacer Bowman. Le 4 septembre, quelques jours avant l'ouverture du camp d'entraînement, Bernard Geoffrion est finalement nommé.

La saison 1979-1980 apporte un autre change-
ment : l'Association mondiale de hockey (AMH)
a disparu, mais quatre de ses équipes, dont les
Nordiques de Québec, ont été intégrées à la Ligue
nationale. La rivalité entre les Nordiques et le
Canadien passera à l'histoire.

Geoffrion a beaucoup de difficulté à s'imposer
dans le vestiaire. Les joueurs qui ont connu
Bowman sont déçus de son remplaçant, qui ne
semble pas avoir beaucoup de conseils à leur donner. Geoffrion a aussi du mal à gérer le fait que
son fils Danny fasse partie de l'équipe. Il ne veut
pas être accusé de favoritisme.

Le 13 décembre, bien que le Canadien soit quatrième dans la ligue, Geoffrion démissionne. Claude
Ruel, qui est toujours avec l'équipe, le remplace au
pied levé. L'équipe a du mal à se rétablir, mais
connaît un autre excellent match contre l'Armée
rouge, le 31 décembre, l'emportant cette fois 4-2.

Le Tricolore reprend des forces et termine la saison sur une séquence de 21 matchs sans défaite.

Lafleur se blesse au genou durant le dernier match de la première ronde des séries. Son absence sera fatale au Canadien en deuxième ronde, alors qu'il s'inclinera en sept matchs contre le Minnesota.

Au repêchage suivant, on revoit le génie de Sam Pollock. Grâce à un échange effectué avant son départ, le Canadien a le premier choix. Si l'AMH n'avait jamais existé, le meilleur joueur disponible serait... Wayne Gretzky ! Mais, contrairement à la LNH, l'AMH n'avait pas fixé d'âge minimum pour l'embauche des joueurs. Gretzky a donc signé un contrat à 17 ans.

Les Oilers désignent Gretzky comme un des deux joueurs qu'ils ont le droit de conserver à leur arrivée dans la LNH. Grundman choisit Doug Wickenheiser plutôt que Denis Savard. Il le regrettera longtemps, car Savard deviendra un des joueurs les plus spectaculaires de la ligue.

En 1981, ce même Gretzky permet à Edmonton de balayer le Canadien dès la première ronde des séries éliminatoires. À la surprise générale, Montréal est aussi éliminé dès la première ronde les deux années suivantes, d'abord contre Québec, puis contre Buffalo.

En 1984, le Canadien affronte de nouveau les Nordiques en séries éliminatoires. La tension est à son comble. En fin de deuxième période du sixième match, des joueurs se chamaillent et d'autres se mêlent à la scène.

Chris Nilan s'en prend à Randy Moller. L'arbitre Bruce Hood les surveille de près. Il s'aperçoit que Mario Tremblay a décidé de se battre contre le meilleur joueur des Nordiques, Peter Stastny. Tremblay a-t-il pensé au règlement? Ou l'entraîneur-chef Jacques Lemaire l'a-t-il « conseillé »? Ce qui est sûr : comme c'est la deuxième bagarre en cours, les deux joueurs seront expulsés du match. Le règlement l'oblige.

Par ailleurs, dans un coin, Louis Sleigher et Jean Hamel se chamaillent aussi. Le juge de ligne John D'Amico semble les avoir séparés, quand Sleigher frappe Hamel d'un coup de poing sous l'œil. Hamel s'écroule et reste longtemps étendu sur la glace.

Au début de la troisième période, on annonce les punitions et les expulsions. La bataille reprend de plus belle. D'autres punitions et expulsions s'ensuivent. Au bout du compte, chaque équipe perd cinq joueurs, en plus de Hamel qui est blessé.

Les Nordiques sont les grands perdants, car leurs joueurs expulsés sont parmi leurs meilleurs. Ils marquent le premier but de la troisième période, se donnant une avance de 2-0 dans le match. Mais le Canadien compte ensuite cinq buts, pour éliminer l'équipe visiteuse par 5-3.

Ce match, qu'on appelle le « massacre du Vendredi saint », est passé à l'histoire pour de bien mauvaises raisons. Après le match, l'entraîneur-chef des Nordiques, Michel Bergeron, critique son vis-à-vis du Canadien, Jacques Lemaire, en disant que les combats ont été planifiés.

De son côté, Larry Robinson du Canadien affirme que Louis Sleigher n'a pas sa place dans la Ligue nationale : « En match pré-saison, il a frappé Rick Green par-derrière et nous l'avons perdu pour la saison. » Green a effectivement raté 73 matchs après avoir subi cette blessure.

Pour la saison 1985-1986, le Canadien a un nouvel entraîneur-chef, Jean Perron, qui en est à ses débuts dans la LNH. L'équipe a aussi un nouveau gardien, Patrick Roy, qui s'est fait remarquer la saison précédente dans la Ligue américaine.

Dès sa première saison à Montréal, Roy devient le gardien numéro un. La même année, le Suédois Mats Naslund, premier Européen à jouer pour le Canadien, obtient 110 points. C'est la dernière fois, à ce jour, qu'un joueur du Canadien dépasse les 100 points en une saison.

Pour les séries éliminatoires, on fait aussi appel à Claude Lemieux, qui n'a pourtant disputé que 10 matchs avec l'équipe pendant la saison.

Gardien, 6'0", 192 lb, tire de la gauche. ▪ Né le 5 octobre 1965 à Québec (Québec). Clubs LNH : Montréal, Colorado (Avalanche). ▪ Choix de 3ᵉ ronde (51ᵉ au total) au repêchage d'entrée de la LNH de 1984. ▪ Échangé le 6 décembre 1995 au Colorado avec Mike Keane pour Andreï Kovalenko, Martin Rucinsky et Jocelyn Thibault. ▪ Numéro avec le Canadien : 33 (1984-1985 à 1995-1996).

STATISTIQUES AVEC LE CANADIEN (saisons en gras : victoires de la coupe Stanley ; astérisque : meneur de la ligue)

	Saison régulière						Éliminatoires			
Saison	PJ	V	D	N	DP	Moy.	PJ	V	D	Moy.
1984-85	1	1	0	0	-	0,00	-	-	-	-
1985-86	47	23	18	3	-	3,35	20	15*	5	1,93
1986-87	46	22	16	6	-	2,93	6	4	2	4,00
1987-88	45	23	12	9	-	2,90	8	3	4	3,36
1988-89	48	33	5	6	-	2,47*	19	13	6	2,09*
1989-90	54	31*	16	5	-	2,53	11	5	6	2,43
1990-91	48	25	15	6	-	2,71	13	7	5	3,06
1991-92	67	36	22	8	-	2,36*	11	4	7	2,63
1992-93	62	31	25	5	-	3,20	20	16*	4	2,13*
1993-94	68	35	17	11	-	2,50	6	3	3	2,56
1995	43	17	20	6	-	2,97	-	-	-	-
1995-96	22	12	9	1	-	2,95	-	-	-	-
Total LNH	1029	551	315	131	8	2,54	247	151	94	2,30
Canadien	551	289	175	66	-	2,77	114	70	42	2,46

Comme il faisait beaucoup de « miracles » dans les buts pour le Canadien, on l'a surnommé « Saint Patrick ». Patrick Roy est le seul joueur de l'histoire à avoir remporté le trophée Conn Smythe trois fois. Même Bobby Orr, Wayne Gretzky et Mario Lemieux ne l'ont remporté « que » deux fois. Son numéro 33 a été retiré le 22 novembre 2008. Il a été intronisé au Temple de la renommée du hockey en 2006.

Roy fait des miracles dans les buts. Lors d'un match contre les Rangers qui va en prolongation, il effectue 44 arrêts. Il est le héros du match. Les spectateurs new-yorkais ont passé la partie à essayer de le déconcentrer, sans résultat. « J'aime ça quand la foule est contre moi. Ça me met tout de suite dans la partie. C'est plaisant », déclare-t-il à la presse. Il montre déjà le côté un peu « effronté » dont il fera preuve toute sa carrière.

Quant à Lemieux, il épate tout le monde, marquant notamment deux buts en prolongation, dont l'un lors d'un septième match. Et Naslund, surnommé « le Viking », continue d'être le meilleur joueur offensif de son équipe. Sept ans après la conquête de 1979, le Canadien remporte sa 23e coupe Stanley. Personne ne s'y attendait. Roy est au comble du bonheur : « On a travaillé fort et on en récolte aujourd'hui les dividendes. C'est sûrement la meilleure sensation que j'aie jamais éprouvée », dit-il aux journalistes.

Quelques années plus tard, il y aura une autre « surprise » de ce genre…

L'ÈRE « CASSEAU »

Sa performance en séries vaut à Patrick Roy de devenir extrêmement populaire à Montréal. Surnommé « Casseau », en partie à cause de son goût pour les frites, Roy est l'un des meilleurs gardiens de la ligue. Il remportera d'ailleurs le trophée Vézina trois fois avec le Canadien.

L'année suivant sa conquête de la coupe Stanley, le Canadien se rend en finale d'association contre Philadelphie. Claude Lemieux a développé une drôle d'habitude : à la fin de la période d'échauffement avant le match, il va « marquer un but » dans le filet désert de l'autre équipe.

Les Flyers n'apprécient pas ce comportement. Ils laissent deux joueurs sur la glace pour empêcher Lemieux et Shayne Corson de s'adonner à leur rituel. Les deux joueurs du Canadien quittent la glace, mais c'est une ruse. Dès que les joueurs des

Flyers sont partis, Lemieux et Corson reviennent avec une rondelle pour marquer.

Ce qui suit est encore pire que le « massacre du Vendredi saint ». Ed Hospodar et Chico Resch, deux joueurs qui ne disputeront même pas le match, se ruent sur Lemieux et Corson et commencent la bagarre.

Les joueurs sortent des vestiaires pour voir ce qui se passe, car ils entendent les cris de la foule. Ils se joignent alors aux hostilités. Certains ne sont qu'à moitié habillés. Comme le match n'est pas commencé, il n'y a aucun arbitre ou juge de ligne pour mettre fin à la foire. Elle durera une dizaine de minutes.

Étonnamment, il n'y a aucune pénalité. Le geste semble avoir été prémédité par les Flyers, car ils ont 24 joueurs en patins avant le match, contre seulement 18 pour le Canadien. Le match a finalement lieu et les Flyers éliminent le Canadien. Le règlement changera durant l'été et, depuis, il y a eu très peu de bagarres impliquant tous les joueurs des deux équipes.

***

Une nouvelle étoile apparaît au firmament de l'équipe en 1987-1988. Stéphane Richer devient le premier joueur depuis Guy Lafleur à marquer 50 buts en une saison. Il répétera l'exploit deux saisons plus tard.

Malgré sa conquête de la coupe Stanley, l'entraîneur Jean Perron n'est guère apprécié par ses joueurs. En 1988, l'ancien joueur Mario Tremblay est devenu journaliste. Après l'élimination du Canadien, il annonce à la télé que Perron ne sera pas de retour la saison suivante. Perron, qui est en vacances dans le Sud, n'est pas au courant. Une journaliste va le retrouver pour connaître sa réaction. On peut parier sur « étonné »...

Le remplaçant de Perron est un ancien policier, Pat Burns. Son style est fort différent de celui de Perron, mais ses méthodes sont efficaces. Dès sa première saison, l'équipe finit deuxième au classement général, tout juste derrière Calgary et loin devant toutes les autres équipes.

Le Canadien joue bien en séries et se rend en finale. Chose rare, celle-ci oppose les deux meilleures équipes de la saison régulière. Cependant, après avoir pris les devants 2-1 dans la série, le Tricolore perd trois matchs de suite. Pour la première fois, le Canadien perd la finale de la coupe Stanley sur sa propre patinoire. Les partisans montréalais doivent se contenter d'applaudir les joueurs des Flames.

Une grande nouvelle est annoncée au début de la saison 1990-1991. L'excellent joueur Denis Savard se joint enfin au Canadien, grâce à un échange ! Malheureusement, son arrivée coïncide avec trois éliminations consécutives face aux Bruins en séries.

Pendant quarante ans, le Canadien n'a perdu aucune de ses 18 séries éliminatoires disputées contre Boston. Perdre trois séries de suite, c'est humiliant. Pat Burns est congédié, mais il connaîtra du succès ailleurs, en remportant la coupe Stanley en 2003 avec les Devils du New Jersey.

Pour remplacer Burns, Serge Savard hésite entre Michel Bergeron et Jacques Demers, deux anciens entraîneurs-chefs des Nordiques! Les ennuis de santé que Bergeron a connus peu de temps auparavant font pencher la balance du côté de Jacques Demers.

L'équipe compte alors de nombreux bons joueurs. À l'attaque, trois d'entre eux marquent plus de 35 buts durant la saison : Brian Bellows, Vincent Damphousse et Kirk Muller. La défense est également solide avec Éric Desjardins, Mathieu Schneider, Jean-Jacques Daigneault et Patrice Brisebois.

Les séries éliminatoires s'amorcent, mal, contre les Nordiques. Le Canadien perd une avance de 2-0 dans le premier match. Les Nordiques marquent deux buts dans la dernière minute et demie de la troisième période et l'emportent en prolongation. Après une autre défaite dans le deuxième match, Montréal est dans une situation difficile.

Le troisième match est très serré et va en prolongation. Stephan Lebeau marque pour le Tricolore, mais le but est refusé après la reprise vidéo. Vincent Damphousse déjoue le gardien Ron Hextall, mais il y a une autre révision vidéo. Cette fois-ci, le but est bon. Le Canadien est encore en vie et remporte aussi le quatrième match.

Le cinquième match va de nouveau en prolongation et c'est Kirk Muller qui donne la victoire au Canadien. Les Nordiques sont démoralisés, et le Canadien remporte la série avec une victoire décisive (6-2) lors du sixième match.

Les deux séries suivantes se passent bien : élimination de Buffalo en quatre matchs et des Islanders de New York en cinq. Le Canadien égale un record avec 11 victoires consécutives en séries éliminatoires.

La série finale, contre Wayne Gretzky et les Kings de Los Angeles, commence difficilement : défaite au premier match, puis le Canadien tire de l'arrière 2-1 à 1 minute 13 secondes de la fin du deuxième. S'il perd, il devra se rendre à Los Angeles en tirant de l'arrière 2-0 dans la série.

Jacques Demers demande une vérification du bâton de Marty McSorley. Son bâton est trop courbé et on lui donne une punition. Pour mettre toutes les chances de son côté, Demers retire aussi son gardien. Il gagne son pari et Éric Desjardins marque son deuxième but de la soirée pour forcer la prolongation.

Il faut moins d'une minute à Desjardins pour compléter son tour du chapeau, exploit rarissime pour un défenseur en séries éliminatoires. Le Canadien part pour la Californie en confiance. Cependant, l'entraîneur-chef des Kings, Barry Melrose, accepte mal la défaite : « Oui, ils avaient le droit de faire mesurer le bâton de McSorley, mais, moi, je ne l'aurais pas fait. Je ne veux pas gagner des matchs de hockey de cette façon. »

À Los Angeles, les Montréalais disputent deux matchs semblables : ils prennent l'avance, puis se font rattraper. Dans les deux matchs, le joueur du

Canadien John LeClair marque le but gagnant en prolongation. Le Tricolore a 10 victoires en prolongation, du jamais vu en séries éliminatoires.

De retour à Montréal, le Canadien est porté par la foule et l'emporte 4-1. C'est la 24e coupe Stanley de l'équipe et une des plus mémorables !

Jacques Demers avoue aux journalistes : « Je ne réalise pas ce qui m'arrive ! » Quant à Patrick Roy, il est heureux et soulagé. Il déclare : « Si on avait perdu face aux Nordiques, j'aurais été échangé. Mais c'est à Montréal, et nulle part ailleurs, que j'ai toujours voulu jouer au hockey. »

Parfois, la vie nous réserve des surprises…

« C'est fou, ça, gagner dix parties en prolongation ! Je parie qu'on ne reverra jamais ça », affirme Charles. André est d'accord : « Je crois bien que tu as raison. C'est difficile à croire. »

Jade pense à une image qu'elle a souvent vue : « Dans un match, Patrick Roy a fait un clin d'œil à un joueur des Kings. J'ai dû voir ce clin d'œil des centaines de fois… »

André donne les détails : « Dans le quatrième match de la finale, Patrick Roy a effectué 40 arrêts, dont sept contre Tomas Sandstrom. Après un de ces arrêts, il lui a fait un clin d'œil, juste au moment où la caméra montrait son visage. C'est toute une image ! C'est Patrick qui a remporté le trophée Conn Smythe du meilleur joueur des séries. C'est un excellent gardien qui a remporté deux autres coupes Stanley par la suite, mais pas avec le Canadien. Il a quitté Montréal à cause d'un match qu'on préférerait oublier… »

12

CONSTRUCTION, RECONSTRUCTION ET... SAKU!

Durant les séries de 1994 contre Boston, Patrick Roy souffre d'une crise d'appendicite. C'est Ron Tugnutt qui est dans les buts du Canadien pour le troisième match, une défaite de 6-3. Pour le quatrième match, Roy arrive au Forum directement... de l'hôpital!

Le Canadien remporte ce match et le suivant, malgré 61 tirs des Bruins. Mais les Montréalais perdent les deux autres et sont éliminés dès la première ronde.

La saison 1994-1995 ne commence qu'en janvier à cause d'un conflit entre la Ligue nationale et les joueurs. Beaucoup de joueurs de l'équipe sont mécontents et il y a énormément d'échanges. Plusieurs des artisans de la coupe Stanley de 1993 quittent l'équipe.

Les nombreux échanges ne suffisent pas à renverser la vapeur. Le Canadien ne se qualifie pas pour les séries. C'est la deuxième fois seulement en quarante-sept ans que ça se produit.

Après avoir raté les séries, il faut se reprendre : la saison 1995-1996 est celle du grand déménagement. L'équipe s'apprête à quitter le Forum après 70 saisons ! Cette année est riche en rebondissements. Elle se présente de façon très positive : Saku Koivu fait ses débuts avec le Canadien. Il avait été repêché deux ans plus tôt.

Mais l'équipe démarre la saison avec quatre défaites. C'est trop, surtout qu'elle n'a même pas atteint les séries l'année précédente. Le président Ronald Corey congédie le directeur général Serge Savard et la majorité du personnel d'entraîneurs.

Quatre jours plus tard, l'annonce arrive : Réjean Houle remplace Serge Savard. Mario Tremblay, lui, remplace Jacques Demers. Il sera assisté de Steve Shutt et d'Yvan Cournoyer. Aucun des quatre n'a d'expérience dans le poste qu'il va occuper.

Mario Tremblay a du mal à s'entendre avec Patrick Roy. Le 2 décembre, au Forum, les Red Wings sont déchaînés et mènent déjà 5-1 après une période. Tremblay croit tout de même que son équipe peut riposter et laisse Roy dans les buts.

En deuxième période, le massacre continue. C'est seulement quand la marque atteint 9-1 que Roy est enfin remplacé par Pat Jablonski. En rentrant au banc, Roy passe devant le président Corey et Tremblay, qui a les bras croisés et l'air renfrogné.

Roy revient sur ses pas et dit au président : « C'était mon dernier match à Montréal. » Quelques jours plus tard, il est échangé à l'Avalanche du Colorado. Une histoire très triste car, on l'a vu, Roy voulait finir sa carrière à Montréal.

Le déménagement se passe tout de même bien : le Canadien remporte son dernier match au Forum et son premier au Centre Molson (ce n'est que quelques années plus tard qu'il s'appellera Centre Bell). Les cérémonies au Forum, qui ont lieu en mars 1996, sont très touchantes. Maurice Richard reçoit une très longue ovation de la foule.

C'est vers cette époque que l'équipe choisit d'utiliser son nom au pluriel. On dira maintenant « *les Canadiens* de Montréal ». Après tout, peu d'équipes ont un nom au singulier : l'Avalanche, le Lightning et le Wild. En 2009, le segment de la rue De La Gauchetière, où est situé le Centre Bell, deviendra l'avenue des Canadiens-de-Montréal.

***

Les années suivantes sont difficiles. Les Canadiens ratent les séries trois années de suite, de 1999 à 2001. L'équipe est vendue à un Américain, George Gillett. Aucun groupe québécois ne s'est montré intéressé à acheter l'équipe, dont la cote d'amour est bien basse parmi le public.

À peine quelques jours après la vente de l'équipe, celle-ci se retrouve dernière de la ligue au classement. Réjean Houle est remplacé par André Savard, un ancien joueur des Nordiques. Savard choisit Michel Therrien comme entraîneur-chef. L'équipe remontera au classement, mais pas assez pour participer aux séries éliminatoires.

Avant le début de la saison 2001-2002, dans l'avion qui le ramène au Canada, Saku Koivu est très malade. Sa fiancée le convainc d'aller à l'hôpital. Une très mauvaise nouvelle l'attend : à 26 ans, il souffre d'un cancer dans la région de l'estomac. Tout le Québec est sous le choc.

Il demande à ses coéquipiers de se qualifier pour les séries éliminatoires en leur promettant de revenir. Justement, cette année-là, le gardien José Théodore connaît une saison de rêve et remporte le trophée Hart en plus du Vézina.

À la surprise de tous, Saku revient pour les trois derniers matchs de la saison. Ses cheveux, qui sont tombés à cause de ses traitements de chimiothérapie, n'ont pas encore repoussé. Les partisans montréalais lui font une ovation de neuf minutes,

alors que les autres joueurs retournent au banc, pour lui laisser toute la place. Koivu est ému et dira : « Je m'attendais à quelque chose de spécial, mais ça, c'était vraiment incroyable. »

Il ne jouera dans ce match qu'environ huit minutes, sans s'inscrire au pointage, mais il a tout de même droit à la première étoile. De plus, les Canadiens ont profité de leur victoire pour assurer leur place en séries éliminatoires.

En première ronde, Montréal affronte Boston, comme toujours, semble-t-il. Encore une fois, les Canadiens réussissent à renverser les Bruins, en grande partie grâce à Koivu.

Par la suite, dans sa série contre la Caroline, l'équipe est à deux doigts de prendre une avance presque insurmontable de trois victoires à une. Malheureusement, une punition est infligée à Stéphane Quintal. Michel Therrien fait des commentaires désagréables sur l'arbitre, qui donne une autre punition à l'équipe. Les Hurricanes en profitent pour amorcer un retour qui semblait improbable. Ils éliminent ensuite les Canadiens avec deux victoires écrasantes.

Le 22 novembre 2003, les Canadiens disputent à Edmonton le premier match en plein air de l'histoire de la LNH. José Théodore a fait installer une tuque sur son masque. Il dit en rigolant : « Je voulais être sûr, en revenant à la maison, que ma mère ne me reprocherait pas d'avoir risqué d'attraper la grippe. » On la comprend : il faisait très froid, -19°C, sans compter le vent.

L'équipe montréalaise dispute un fort match et bat les Oilers 4-3. Depuis, les matchs en plein air sont devenus très populaires.

En séries, cette année-là, les Canadiens éliminent les Bruins. Ces derniers avaient pris l'avance 3-1 dans la série, mais les Montréalais ont effectué un impressionnant retour. C'est la première fois de leur histoire qu'ils comblent un tel déficit dans une série. Mais à la ronde suivante, le Lightning est trop fort.

La saison 2004-2005, on n'en parlera pas…

« Et pourquoi pas ? » demande Jade.

André répond : « Parce qu'il n'y a pas eu de saison 2004-2005. À cause d'un autre conflit entre la Ligue nationale et les joueurs, la saison complète a été annulée. »

« C'est fou, ça ! affirme Charles. Et qu'est-ce que ça a donné ? »

« Ils ont fini par signer une entente limitant le montant que chaque équipe peut payer en salaires. Ça permet aux équipes moins riches d'avoir une chance. Ils ont aussi amélioré quelques règles, par exemple pour diminuer l'accrochage. Il y a eu une amélioration. »

« J'imagine que les amateurs de hockey ont trouvé l'année longue ! s'exclame Jade. Moi, si on m'annonçait qu'on me prive de regarder le hockey pendant un an, j'irais protester devant le centre Bell ! »

Charles et André pouffent de rire. André lui répond : « T'inquiète, ma grande. Ils sont revenus en 2005. Et c'est même l'année où ils ont repêché l'un de tes joueurs favoris... »

13

ON CÉLÈBRE ET
ON VISE LE SOMMET

Après le lock-out, le repêchage prend une tournure inédite. Comme il n'y pas eu de saison, on ne peut pas tenir le repêchage dans l'ordre inverse du classement, comme d'habitude. On procède plutôt à une loterie.

Les Canadiens sont favorisés par le sort et peuvent choisir au cinquième rang. À la surprise de tous, ils repêchent un gardien, Carey Price.

La saison commencée, le gardien José Théodore a du mal à retrouver son niveau. Il finit par perdre le poste de gardien numéro un. C'est Cristobal Huet, un Français de Grenoble, qui l'aura. Théodore est envoyé au Colorado à la date limite des échanges.

Grâce à Huet, les Canadiens réussissent de nouveau à se qualifier pour les séries éliminatoires, encore une fois de justesse. Ils affrontent les Hurricanes de la Caroline en première ronde.

L'équipe montréalaise surprend tout le monde en remportant les deux premiers matchs en Caroline. Lors du troisième match, le score est toujours 0-0 en deuxième période. Le bâton de Justin Williams des Hurricanes frappe l'œil gauche de Saku Koivu. Celui-ci est aveuglé et doit s'accrocher à un officiel pour quitter la glace.

Incroyable, mais les arbitres n'ont rien vu. Il n'y a aucune pénalité sur le jeu, alors qu'il aurait dû y avoir quatre minutes. Les Hurricanes remportent le match en prolongation. Sans Koivu, les Canadiens ne sont plus que l'ombre d'eux-mêmes et perdent les trois matchs suivants. Saku, quant à lui, est passé près de perdre l'usage de son œil, mais il a finalement retrouvé une bonne partie de sa vision.

L'année suivante, le Tricolore se bat toute la saison afin de se qualifier pour les séries éliminatoires. Huet blessé, Jaroslav Halak joue très bien à

sa place et, au dernier match de la saison, il suffi-
rait d'un seul point pour assurer aux Canadiens
leur qualification. Comme Huet est guéri, Guy
Carbonneau décide de l'envoyer dans la mêlée,
même s'il a été absent deux mois.

Les Montréalais gaspillent une avance de deux
buts et perdent 6-5, ratant leur qualification par
un seul but. Huet, qui a accordé quelques mauvais buts, s'en veut : « Je ne suis pas content de
ma performance, et c'est malheureux de finir
comme ça », dit-il après le match.

L'équipe rebondit la saison suivante, terminant
première de l'Association de l'Est. Elle réussit un
exploit inédit dans son histoire. Le 19 février 2008,
elle tire de l'arrière 5-0 contre les Rangers de New
York après cinq minutes de jeu en deuxième période. Puis les Canadiens se mettent à marquer.
Alex Kovalev égalise la marque moins de cinq minutes avant la fin de la troisième période et Koivu
donne la victoire (6-5) en fusillade. C'est la plus
grosse remontée de l'histoire de l'équipe.

Cette performance brillante semble être de bon augure pour les célébrations du centième anniversaire de l'équipe, prévues la saison suivante.

Pour souligner cet anniversaire, on fait les choses en grand durant la saison 2008-2009. Le repêchage est tenu à Montréal de même que le match des étoiles. Il y a aussi de nombreuses cérémonies au cours de la saison. On inaugure notamment un monument, sur lequel se trouvent les noms des 761 joueurs qui ont disputé au moins un match pour l'équipe dans les 100 premières saisons de son histoire.

Cependant, l'équipe va cahin-caha et n'accède aux éliminatoires que de justesse. Les Canadiens sont au bout du rouleau. Les Bruins ne font d'eux qu'une bouchée dans la première ronde. Les Montréalais auraient bien voulu gagner la coupe à leur centième saison, mais c'est raté.

***

L'année suivant le centenaire est celle des changements. L'équipe est vendue à une nouvelle génération de frères Molson et à d'autres investisseurs. Geoff Molson en devient président.

Le directeur gérant Bob Gainey dit qu'il appuie sur le bouton « remise à zéro ». Onze joueurs de la saison précédente ne sont pas de retour, et en particulier Saku Koivu. Il finira sa carrière avec les Ducks d'Anaheim.

Il y a aussi un nouvel entraîneur-chef, Jacques Martin, qui a très bonne réputation. Qualifiée de justesse pour les séries éliminatoires, l'équipe étonne tout le monde : elle élimine les Capitals de Washington, champions de la saison régulière, puis les Pingouins de Pittsburgh, champions de la coupe Stanley l'année précédente.

Mike Cammalleri, qui a déjà 12 buts après deux rondes, est fou de joie : « C'est une sensation incroyable. Formidable. C'est un exploit fantastique. Mais il ne faut pas arrêter, continuons le combat. »

C'est la première fois, depuis leur coupe Stanley de 1993, que les Canadiens se rendent en finale d'Association. Ils le doivent en grande partie à l'excellent travail du gardien Jaroslav Halak et aux débuts impressionnants de P.K. Subban. Ce dernier s'est joint à l'équipe au sixième match de la première ronde. Toutefois, leur parcours prendra fin contre Philadelphie.

Ensuite, les choses se compliquent. Au printemps 2011, les Canadiens sont éliminés en première ronde. Puis, le 17 décembre, Jacques Martin est congédié et remplacé par Randy Cunneyworth. Il s'agit d'un choix étonnant, car Cunneyworth ne parle pas français. L'équipe va de mal en pis et finit 28e de la ligue. Au moins, elle aura un bon choix au repêchage.

L'été 2012 voit une nouvelle « remise à zéro ». Le directeur général Pierre Gauthier, qui avait remplacé Bob Gainey, laisse lui-même la place à Marc Bergevin. Le personnel d'entraîneurs est également remplacé, et Michel Therrien est de retour, après un passage à Pittsburgh.

Bergevin et Therrien font du bon travail. L'équipe a une bonne structure avec Price dans les buts, Markov et Subban à la défense, et Pacioretty, Plekanec, Desharnais, Gallagher et Galchenyuk à l'attaque. Les résultats sont au rendez-vous.

En 2013, l'équipe finit deuxième dans l'Association de l'Est, mais est toutefois éliminée en première ronde des séries par Ottawa.

L'année suivante, l'équipe se rend en finale d'Association, grâce entre autres à l'excellente tenue du gardien Carey Price. Malheureusement, celui-ci est blessé lors du premier match de la série, à la suite d'une collision avec Chris Kreider. Il doit rater le reste de la série. Son remplaçant Dustin Tokarski est un bon gardien, mais les Canadiens sont tout de même éliminés par les Rangers.

Le Tricolore est encore plus fort en 2014-2015, finissant deuxième de la ligue en saison régulière. Carey Price connaît une saison extraordinaire, qui lui vaut quatre trophées individuels, exploit extrêmement rare. Il remporte le trophée Vézina,

remis au meilleur gardien de la ligue, et le trophée Hart, comme joueur le plus utile à son équipe, en plus des trophées William Jennings et Ted Lindsay. P.K. Subban, lui, est finaliste pour le trophée Norris, qu'il avait reçu deux ans auparavant.

Après avoir remporté leur série contre les Sénateurs d'Ottawa, les Canadiens perdent les trois premiers matchs contre Tampa Bay. Ils gagnent ensuite les deux suivants, mais s'avouent vaincus au sixième match.

La déception est d'autant plus grande que les joueurs croyaient vraiment en leurs chances de remporter la coupe. Price l'avait dit : « Je veux la coupe ! » Il faudra encore attendre.

La plupart de ses meilleurs joueurs étant encore jeunes, les saisons à venir s'annoncent prometteuses pour le Tricolore. Comme le dit la vieille chanson : « Les Canadiens sont là ! » Et on va voir de quel bois ils se chauffent...

ÉPILOGUE

LE GRAND JOUR

Au premier match de la saison suivante au Centre Bell, c'est le grand jour pour Charles. Il est nerveux, il veut que tout se passe parfaitement bien. Ses oncles et tantes, grands-parents, cousins, cousines et tous ses amis sont devant la télé.

En lui souhaitant bonne chance, son père ajoute : « Au fait, si tu vois les fantômes, dis-leur bonjour de ma part ! »

« Quels fantômes ? » demande Charles. « Ah, c'est une longue histoire, lui répond son père. Je te la raconterai, un de ces jours. Mais n'aie crainte, ils sont gentils avec les fans des Canadiens. »

À deux pas de l'entrée de la patinoire, Charles attend le signal avec l'autre porte-drapeau. Il jette un rapide coup d'œil au plafond et voit les fanions commémorant les 24 coupes Stanley de l'équipe et ceux rendant hommage aux 18 joueurs dont le chandail a été retiré. Son cœur bat très fort.

Le signal est enfin donné. Les deux jeunes s'élancent sur la glace, suivant exactement le parcours qu'on leur a indiqué. Ils reviennent ensuite à leur poste, de chaque côté de la porte par laquelle les joueurs entreront sur la patinoire.

Charles entend l'annonceur Michel Lacroix prononcer les mots qui soulèvent la foule : « Et maintenant, accueillons nos Canadiens ! » Les joueurs arrivent sur la glace sous un tonnerre d'applaudissements. Charles est encore plus déterminé que jamais à devenir le meilleur joueur de son équipe, pour un jour porter les couleurs de la plus grande équipe de l'histoire : les Canadiens de Montréal.

STATISTIQUES DES CANADIENS

Dans l'Association nationale de hockey :

Saison	PJ	V	D	N	Pts	Rang
1910	12	2	10	-	4	7e ANH
1910-11	16	8	8	-	16	2e ANH
1911-12	18	8	10	-	16	4e ANH
1912-13	20	9	11	-	18	3e ANH
1913-14	20	13	7	-	26	2e ANH
1914-15	20	6	14	-	12	6e ANH
1915-16*	24	16	7	1	33	1er ANH
1916-17	20	10	10	0	20	1er et 3e ANH
Total ANH	150	72	77	1	145	1 c. Stanley

Dans la Ligue nationale de hockey :

(Note : une astérisque dans la colonne « saison » signifie victoire de la coupe Stanley ; un astérisque dans la colonne « Rang » signifie premier au classement général de la ligue.)

Saison	PJ	V	D	N	Pts	Rang
1917-18	22	13	9	0	26	1er et 3e LNH
1918-19	18	10	8	0	20	1er et 2e LNH
1919-20	24	13	11	0	26	2e et 3e LNH
1920-21	24	13	11	0	26	3e et 2e LNH
1921-22	24	12	11	1	25	3e LNH
1922-23	24	13	9	2	28	2e LNH
1923-24*	24	13	11	0	26	2e LNH
1924-25	30	17	11	2	36	3e LNH
1925-26	36	11	24	1	23	7e LNH
1926-27	44	28	14	2	58	2e Canada
1927-28	44	26	11	7	59	1er Canada*
1928-29	44	22	7	15	59	1er Canada*
1929-30*	44	21	14	9	51	2e Canada

PJ = parties jouées   V = victoires   D = défaites   N = parties nulles   Pts = points

Saison	PJ	V	D	N	Pts	Rang
1930-31*	44	26	10	8	60	1er Canada
1931-32	48	25	16	7	57	1er Canada*
1932-33	48	18	25	5	41	3e Canada
1933-34	48	22	20	6	50	2e Canada
1934-35	48	19	23	6	44	3e Canada
1935-36	48	11	26	11	33	4e Canada
1936-37	48	24	18	6	54	1er Canada
1937-38	48	18	17	13	49	3e Canada
1938-39	48	15	24	9	39	6e LNH
1939-40	48	10	33	5	25	7e LNH
1940-41	48	16	26	6	38	6e LNH
1941-42	48	18	27	3	39	6e LNH
1942-43	50	19	19	12	50	4e LNH
1943-44*	50	38	5	7	83	1er LNH*
1944-45	50	38	8	4	80	1er LNH*
1945-46*	50	28	17	5	61	1er LNH*
1946-47	60	34	16	10	78	1er LNH*
1947-48	60	20	29	11	51	5e LNH
1948-49	60	28	23	9	65	3e LNH
1949-50	70	29	22	19	77	2e LNH
1950-51	70	25	30	15	65	3e LNH
1951-52	70	34	26	10	78	2e LNH
1952-53*	70	28	23	19	75	2e LNH
1953-54	70	35	24	11	81	2e LNH
1954-55	70	41	18	11	93	2e LNH
1955-56*	70	45	15	10	100	1er LNH*
1956-57*	70	35	23	12	82	2e LNH
1957-58*	70	43	17	10	96	1er LNH*
1958-59*	70	39	18	13	91	1er LNH*
1959-60*	70	40	18	12	92	1er LNH*
1960-61	70	41	19	10	92	1er LNH*
1961-62	70	42	14	14	98	1er LNH*

PJ = parties jouées   V = victoires   D = défaites   N = parties nulles   Pts = points

Saison	PJ	V	D	N	Pts	Rang
1962-63	70	28	19	23	79	3e LNH
1963-64	70	36	21	13	85	1er LNH*
1964-65*	70	36	23	11	83	2e LNH
1965-66*	70	41	21	8	90	1er LNH*
1966-67	70	32	25	13	77	2e LNH
1967-68*	74	42	22	10	94	1er Est*
1968-69*	76	46	19	11	103	1er Est*
1969-70	76	38	22	16	92	5e Est
1970-71*	78	42	23	13	97	3e Est
1971-72	78	46	16	16	108	3e Est
1972-73*	78	52	10	16	120	1er Est*
1973-74	78	45	24	9	99	2e Est
1974-75	80	47	14	19	113	1er Norris
1975-76*	80	58	11	11	127	1er Norris*
1976-77*	80	60	8	12	132	1er Norris*
1977-78*	80	59	10	11	129	1er Norris*
1978-79*	80	52	17	11	115	1er Norris
1979-80	80	47	20	13	107	1er Norris
1980-81	80	45	22	13	103	1er Norris
1981-82	80	46	17	17	109	1er Adams
1982-83	80	42	24	14	98	2e Adams
1983-84	80	35	40	5	75	4e Adams
1984-85	80	41	27	12	94	1er Adams
1985-86*	80	40	33	7	87	2e Adams
1986-87	80	41	29	10	92	2e Adams
1987-88	80	45	22	13	103	1er Adams
1988-89	80	53	18	9	115	1er Adams
1989-90	80	41	28	11	93	3e Adams
1990-91	80	39	30	11	89	2e Adams
1991-92	80	41	28	11	93	1er Adams
1992-93*	84	48	30	6	102	3e Adams
1993-94	84	41	29	14	96	3e Nord-Est

PJ = parties jouées   V = victoires   D = défaites   N = parties nulles   Pts = points

Saison	PJ	V	D	N/DP	Pts	Rang
1995	48	18	23	7	43	6e Nord-Est
1995-96	82	40	32	10	90	3e Nord-Est
1996-97	82	31	36	15	77	4e Nord-Est
1997-98	82	37	32	13	87	4e Nord-Est
1998-99	82	32	39	11	75	5e Nord-Est
1999-2000	82	35	34	9/4	83	4e Nord-Est
2000-01	82	28	40	8/6	70	5e Nord-Est
2001-02	82	36	31	12/3	87	4e Nord-Est
2002-03	82	30	35	8/9	77	4e Nord-Est
2003-04	82	41	30	7/4	93	4e Nord-Est
2004-05	-	-	-	-	-	-
2005-06	82	42	31	9	93	3e Nord-Est
2006-07	82	42	34	6	90	4e Nord-Est
2007-08	82	47	25	10	104	1er Nord-Est
2008-09	82	41	30	11	93	2e Nord-Est
2009-10	82	39	33	10	88	4e Nord-Est
2010-11	82	44	30	8	96	2e Nord-Est
2011-12	82	31	35	16	78	5e Nord-Est
2013	48	29	14	5	63	1er Nord-Est
2013-14	82	46	28	8	100	3e Atlantique
2014-15	82	50	22	10	110	1er Atlantique
Total LNH	**6332**	**3260**	**2116**	**837/119**	**7476**	**23 c. Stanley**
Tot. Can.	**6482**	**3332**	**2193**	**838/119**	**7621**	**24 c. Stanley**

PJ = parties jouées   V = victoires   D = défaites   N = parties nulles   Pts = points

Note : La colonne « N/DP » indique, jusqu'à la saison 1998-1999, le nombre de matchs nuls. De 1999-2000 à 2003-2004 et pour le total, elle indique le nombre de matchs nuls et le nombre de défaites en prolongation. De 2005-2006 à nos jours, elle indique le nombre de défaites en prolongation ou en fusillade.

LES DIRIGEANTS DES CANADIENS

Présidents

ANH :

Ambrose O'Brien (1909-1910)
Hector Bisaillon (1910-1913)
Urgèle Boucher (1913-1917)

LNH :

George Kennedy (1917-1921)
Athanase David (1921-1935)
Ernest Savard (1935-1940)
Donat Raymond (1940-1957)
Hartland de Montarville Molson
 (1957-1964)
David Molson (1964-1971)
Jacques Courtois (1971-1979)
Morgan McCammon (1979-1982)
Ronald Corey (1982-1999)
Pierre Boivin (1999-2011)
Geoff Molson (2011-aujourd'hui)

Directeurs généraux

ANH :

Jack Laviolette et Jos
 Cattarinich (1909-1910)

ANH et LNH :

George Kennedy (1910-1921)

LNH :

Léo Dandurand (1921-1935)
Ernest Savard (1935-1936)

Cecil Hart (1936-1939)
Jules Dugal (1939-1940)
Tommy Gorman (1940-1946)
Frank Selke (1946-1964)
Sam Pollock (1964-1978)
Irving Grundman (1978-1983)
Serge Savard (1983-1995)
Réjean Houle (1995-2000)
André Savard (2000-2003)
Bob Gainey (2003-2010)
Pierre Gauthier (2010-2012)
Marc Bergevin
 (2012-aujourd'hui)

Entraîneurs-chefs

ANH :

Jack Laviolette (1910)
Adolphe Lecours (1910-1911)
Napoléon Dorval (1911-1913)
Jimmy Gardner (1913-1915)

ANH et LNH :

Newsy Lalonde (1915-1921,
 1932-1934)

LNH :

Léo Dandurand (1921-1926,
 1934-1935)
Cecil Hart (1926-1932, 1936-
 1939)
Jules Dugal (1939)

Albert Siebert (1939)
Alfred Lépine (1939-1940)
Dick Irvin (1940-1955)
Toe Blake (1955-1968)
Claude Ruel (1968-1970)
Al MacNeil (1970-1971)
Scotty Bowman (1971-1979)
Bernard Geoffrion (1979)
Claude Ruel (1979-1981)
Bob Berry (1981-1984)
Jacques Lemaire (1984-1985)
Jean Perron (1985-1988)
Pat Burns (1988-1992)
Jacques Demers (1992-1995)
Jacques Laperrière (1995)
Mario Tremblay (1995-1997)
Alain Vigneault (1997-2000)
Michel Therrien (2000-2003, 2012-aujourd'hui)
Claude Julien (2003-2006)
Bob Gainey (2006, 2009)
Guy Carbonneau (2006-2009)
Jacques Martin (2009-2011)
Randy Cunneyworth (2011-2012)

Capitaines
ANH:
Jack Laviolette (1909-1910)
Newsy Lalonde (1910-1911)
Jack Laviolette (1911-1912)
Newsy Lalonde (1912-1913)
Jimmy Gardner (1913-1915)

Howard McNamara (1915-1916)
Newsy Lalonde (1916-1922)
Sprague Cleghorn (1922-1925)
Billy Coutu (1925-1926)
Sylvio Mantha (1926-1932)
George Hainsworth (1932-1933)
Sylvio Mantha (1933-1936)
Albert « Babe » Siebert (1936-1939)
Walter Buswell (1939-1940)
Toe Blake (1940-1948)
Bill Durnan (1948)
Émile Bouchard (1948-1956)
Maurice Richard (1956-1960)
Doug Harvey (1960-1961)
Jean Béliveau (1961-1971)
Henri Richard (1971-1975)
Yvan Cournoyer (1975-1979)
Serge Savard (1979-1981)
Bob Gainey (1981-1989)
Guy Carbonneau et Chris Chelios (1989-1990)
Guy Carbonneau (1990-1994)
Kirk Muller (1994-1995)
Mike Keane (1995)
Pierre Turgeon (1995-1996)
Vincent Damphousse (1996-1999)
Saku Koivu (1999-2009)
Brian Gionta (2010-2014)

CHRONOLOGIE

1909

Le propriétaire des Creamery Kings de Renfrew, Ambrose O'Brien, et celui des Wanderers de Montréal, P.J. Doran, décident de fonder une nouvelle ligue, l'Association nationale de hockey (ANH). La nouvelle ligue inclura une équipe montréalaise visant le public francophone : Le Canadien.

1909   *Louis Blériot devient la première personne à franchir la Manche en avion.*

En rugby, l'Université de Toronto remporte la première coupe Grey de l'histoire. Au Canada, le rugby se muera en « football canadien » pour lequel la coupe Grey demeure le trophée remis à l'équipe championne.

1914-1918   *Première Guerre mondiale.*

1916

Le Canadien élimine les Rosebuds de Portland, trois matchs à deux, pour remporter la première coupe Stanley de son histoire.

1916   *Un incendie détruit une partie des édifices du Parlement du Canada, à Ottawa, en particulier la salle de lecture attenante à la bibliothèque. L'incendie fait sept morts et au moins trois blessés.*

1924

Le Canadien élimine successivement, et sans subir une seule défaite, les Senators d'Ottawa, les Maroons de Vancouver puis les Tigers de Calgary, pour remporter la deuxième coupe Stanley de son histoire.

1924   *À l'occasion des premiers Jeux olympiques d'hiver, disputés à Chamonix, en France, le Canada marque une moyenne de 22 buts par match et remporte facilement son deuxième titre olympique en hockey sur glace. Le premier titre avait été remporté quatre ans plus tôt lors des Jeux d'été, à Anvers, en Belgique.*

     Aux Jeux d'été de la VIIIᵉ olympiade, à Paris, on présente la devise olympique nouvellement créée : « Citius, Altius, Fortius » (plus vite, plus haut, plus fort).

1939-1945 *Deuxième Guerre mondiale.*

1945 *Maurice Richard marque son 50ᵉ but de la saison au 50ᵉ et dernier match de la saison du Canadien, exploit inédit à l'époque et qui est encore considéré comme l'un des plus grands exploits individuels de l'histoire de la Ligue nationale de hockey (LNH).*

1955 *À la suite de la suspension de Maurice Richard par Clarence Campbell pour le reste de la saison et toutes les séries éliminatoires, des manifestations devant le Forum de Montréal dégénèrent en émeute causant plus de 100 000 $ de dommages.*

1955   *Le chanteur Elvis Presley fait sa première apparition à la télé.*

1960 *Le Canadien de Montréal balaie les Black Hawks de Chicago, puis les Maple Leafs de Toronto et remporte une cinquième coupe Stanley consécutive, un exploit jamais réédité.*

1975

Le dernier jour de l'année, l'équipe soviétique de l'Armée rouge et le Canadien de Montréal se livrent un match nul 3-3, condidéré par plusieurs comme le meilleur match de hockey de l'histoire.

1975

Au Canada, on découvre les premiers aspects visibles du passage du pays au système métrique, alors que les températures sont annoncées en degrés Celsius. Plus tard dans l'année, les chutes de pluie et de neige seront également données en unités métriques.

1979

Le Canadien élimine les Rangers de New York et remporte sa quatrième coupe Stanley consécutive, sa deuxième plus longue séquence du genre, achevant ainsi une période de vingt-sept ans durant laquelle il a remporté 16 coupes Stanley.

1979

À Téhéran, des étudiants envahissent l'ambassade américaine en Iran, prenant 66 otages, dont la majorité ne seront relâchés que quatorze mois plus tard. Faisant preuve d'audace, l'ambassadeur du Canada permettra à six diplomates d'éviter d'être capturés.

L'Association mondiale de hockey (AMH) cesse ses activités, mais quatre de ses six dernières équipes, dont les Nordiques de Québec, se joignent à la LNH.

1986

Grâce aux exploits de Patrick Roy, le Canadien remporte une 23e coupe Stanley, que peu de gens avaient osé prédire.

1986   *Après avoir été maire de Montréal pendant*
            vingt-neuf ans, Jean Drapeau annonce qu'il
            ne se présentera pas aux prochaines élections
            municipales. On lui doit notamment le métro de
            Montréal, Expo '67 et les Jeux olympiques de
            1976.

1993   **Le Canadien établit un record en séries**
            éliminatoires en remportant 10 victoires
            consécutives en prolongation, en route vers
            la 24ᵉ coupe Stanley de son histoire.

1993   *Le lanceur québécois Denis Boucher est acclamé*
            par plus de 40 000 spectateurs au Stade olympique
            de Montréal, alors qu'il dispute son premier match
            dans l'uniforme des Expos, une victoire de 4-3
            contre les Rockies du Colorado.

            Jean Chrétien devient premier ministre du
            Canada, à la tête du Parti libéral du Canada.

1996   **Après 70 saisons au Forum de Montréal,**
            le Canadien déménage rue De La Gauchetière,
            dont une section sera plus tard rebaptisée
            « avenue des Canadiens-de-Montréal ».

1996   *Les Jeux olympiques de l'ère moderne célèbrent*
            leur centenaire à Atlanta, où le sprint canadien se
            fait remarquer en athlétisme, avec des victoires au
            100 mètres et au relais 4X100 mètres.

            Jacques Villeneuve, le fils de Gilles, fait ses
            débuts en Formule 1 pour l'écurie Rothmans
            Williams Renault, remportant quatre épreuves au
            cours de la saison.

2005

Après une année sans hockey de la LNH, une loterie est mise en place pour le repêchage, et le Canadien a droit au cinquième choix. Il repêche Carey Price, futur gagnant de la médaille d'or aux Jeux olympiques d'hiver de 2014, à Sotchi, et futur gagnant des trophées William Jennings, Vézina, Ted Lindsay et Hart dans la LNH, en 2015.

2005

Alexandre Despatie remporte deux médailles d'or en plongeon aux Championnats du monde de natation, tenus à Montréal, au complexe aquatique de l'île Sainte-Hélène du parc Jean-Drapeau.

2013

P.K. Subban remporte le trophée Norris décerné au meilleur défenseur de la LNH. C'est la première fois, depuis Chris Chelios en 1989, qu'un joueur des Canadiens remporte ce trophée.

2013

Le pape Benoît XVI devient le premier pape en plus de 700 ans à démissionner volontairement de son poste. Il le fait pour des raisons de santé.

2013

Denis Coderre, un grand fan des Canadiens, est élu maire de Montréal.

MÉDIAGRAPHIE

Livres

Léandre Normand, Pierre Bruneau. *La glorieuse histoire des Canadiens – édition 100ᵉ anniversaire*, Montréal, Éditions de l'Homme, 2008.

D'Arcy Jenish. *Les Glorieux – La grande histoire des Canadiens de Montréal, 1909-2009*, Montréal, Éditions Hurtubise, 2009.

Collectif. *Guide de presse 2014-2015, Canadiens de Montréal*, Montréal, Club de hockey Canadien, 2014.

Todd Denault. *Jacques Plante – L'homme qui a changé la face du hockey*, Montréal, Éditions de l'Homme, 2009.

Site Internet

Les lecteurs qui désirent en savoir davantage sur les Canadiens sont invités à visiter le site *Notre histoire – Le site historique des Canadiens de Montréal* : http ://notrehistoire.canadiens.com/

LES COLLABORATEURS

Quand il était petit et qu'on lui demandait ce qu'il voulait devenir dans la vie, **Jean-Patrice Martel** répondait « Médecin ou joueur de hockey. » Il n'est devenu ni l'un ni l'autre, mais il a continué à être passionné de hockey et des Canadiens, son joueur préféré étant Serge Savard. À l'âge de dix-huit ans, il avait déjà vu son équipe préférée gagner la coupe Stanley huit fois! Il est aujourd'hui président de la Société internationale de recherche sur le hockey, et a coécrit un livre sur les origines du hockey, dont on a parlé jusqu'en Australie...

Josée Tellier a toujours été passionnée par l'illustration, depuis la maternelle! Très tôt, elle savait qu'elle gagnerait sa vie dans ce domaine. Avec son rêve en tête, elle s'exerçait à dessiner tous les jours, ce qui lui vaudra plusieurs prix dans divers concours régionaux. Cet intérêt prononcé pour les arts l'amènera à poursuivre ses études en graphisme. Des projets variés s'ajouteront à son portfolio au fil des années, dont des collections de mode pour les jeunes, des expositions et plusieurs couvertures de romans jeunesse, dont celles de la populaire série *Le journal d'Aurélie Laflamme* d'India Desjardins.

TABLE DES MATIÈRES

DANS LA MÊME COLLECTION

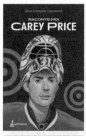

Jean-François Chaumont

RACONTE-MOI
CAREY PRICE

Patrick Delisle-Crevier

RACONTE-MOI
MARIE-MAI

Karine R. Nadeau

RACONTE-MOI
RENÉ LÉVESQUE

Albert Ladouceur

RACONTE-MOI
LES NORDIQUES

Alexandre Pratte

RACONTE-MOI
JULIE PAYETTE

François Perreault

RACONTE-MOI
PIERRE ELLIOTT TRUDEAU

Patrick Delisle-Crevier

RACONTE-MOI
JOEY SCARPELLINO

Jean-Patrice Martel

RACONTE-MOI
LES JEUX OLYMPIQUES DE MONTRÉAL

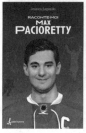

Jessica Lapinski

RACONTE-MOI
MAX PACIORETTY

Patrick Delisle-Crevier

RACONTE-MOI
CÉLINE DION

Benoit Chaumont

RACONTE-MOI
LE MÉTRO DE MONTRÉAL

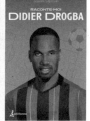

Jessica Lapinski

RACONTE-MOI
DIDIER DROGBA

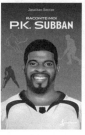

Jonathan Bernier

RACONTE-MOI
P.K. SUBBAN

Jean-Patrice Martel

RACONTE-MOI
LES ALOUETTES

Suivez-nous sur le Web

Consultez nos sites Internet et inscrivez-vous à l'infolettre pour rester informé en tout temps de nos publications et de nos concours en ligne. Et croisez aussi vos auteurs préférés et notre équipe sur nos blogues !